AF569160

Robert Baumgartner

Seelenfunken

„Sag allen, dass ich lebe!“

Smaragd Verlag

Bitte fordern Sie unser kostenloses Verlagsverzeichnis an:

Smaragd Verlag e.K.
Brückenstraße 25
D-56269 Dierdorf
Tel.: 02689-92259-10
Fax: 02689-92259-20
E-Mail: info@smaragd-verlag.de
www.smaragd-verlag.de

Oder besuchen Sie uns im Internet unter der obigen Adresse und melden Sie sich für unseren Newsletter an.

Erste Auflage: August 2021

Umschlaggestaltung: preData
Satz: Gaby Heuchemer
Printed: CPI Books GmbH, Leck
ISBN 978-3-95531-207-7

Widmung

Dieses Buch widme ich meinem Bruder Patrick

„Wenn du dieses Buch schreibst, dann achte auf seine Präsenz. Er ist bei dir und liebt es, mit dir zu sprechen und dir seine Gedanken zu schenken, mit denen du dann arbeiten kannst. In anderen Worten: Du wirst wunderbare Momente erleben, wenn er sich zeigt und er sich von dir spüren lässt."

Das waren die Worte meines verstorbenen Bruders Patrick, die er mir durch ein bekanntes spirituelles Medium bei einem medialen Vortrag in Frankfurt am 15.12.2017 übermittelte.

Patrick wurde 39 Jahre alt und ist am 10.01.2009 nach langer Krankheit in die Geistige Welt hinübergegangen.

Patrick

Inhalt

Vorwort von Bettina Suvi Rode

Ich habe mich sehr darüber gefreut, als ich von Robert gebeten wurde, ein Vorwort zu seinem neuen Buch zu schreiben.

Das neue Buch von Robert Baumgartner ist ein Manifest der Liebe zweier Seelen. Robert und sein Bruder Patrick sind bereits auf der Erde sehr miteinander verbunden gewesen und waren es auch schon in den Leben vor diesem Leben. Der Tod trennt sie nicht, sondern hebt ihre Beziehung auf eine neue energetische und ganz besondere Ebene.

Beim Lesen ist man von den Erzählungen des Bruders sehr berührt. Er erklärt uns auf eine sanfte, liebevolle Weise seinen Weg in die Unendlichkeit und wie es dort ist, wo er ist. Ist es nicht eine der größten Ängste der Menschheit, dass nach dem Tod das große Nichts ist? Wie schön, wenn eine Seele von der anderen Seite der Existenz uns Kunde gibt, was sie erlebt hat.

Aber es ist auch Roberts neuer Weg, der auf seiner spirituellen Reise mutig neue Glaubenssätze erforscht und beleuchtet. Es sind die Verbindungen zur Seelenheimat. Karma, Tod und Wiedergeburt vermitteln dem Leser neue Einsichten auf Lebenspläne und warum wir eigentlich hier auf der Erde sind. Es ist eine Erklärung für den Sinn des Lebens und wie wir Schicksalsschläge anders betrachten dürfen.

Das Buch ist sehr lebendig geschrieben. Man kann die vielen Seelenakteure förmlich visuell auftauchen sehen.

Ich freue mich, dass auch Inhalte meiner medialen Ausbildung mit einfließen durften und kann dieses Buch nur jedem nach Wahrheit Suchenden empfehlen.

Bettina Suvi Rode – Januar 2021

Seelenbrüder

Mich lässt der Gedanke an den Tod in völliger Ruhe.
Ist es doch so wie mit der Sonne,
wir sehen sie am Horizont untergehen,
aber wir wissen, dass sie „drüben" weiterscheint.

(Johann Wolfgang von Goethe)

Liebe Leserin, lieber Leser,

Seelenfunken – „Sag allen, dass ich lebe!" – so lautet der Titel dieses Buches, das du gerade in Händen hältst. Vielleicht sitzt du nun da mit einem großen Fragezeichen im Gesicht und denkst dir: „Antworten aus dem Himmel, das wär`s ja! Die möchte ich auch mal bekommen, aber es ist ja wohl noch keiner zurückgekommen von dort und hat einen Reiseführer darüber geschrieben. Und bisher hat mir auch niemand von dort drüben auf meine drängenden Fragen geantwortet, egal, wie sehr ich darum gebeten habe."

Genauso ging es mir auch. Die Frage, wie es danach wohl weitergeht, ob es überhaupt ein *„Danach"* gibt und, falls ja, wie man sich das vorstellen kann, hat mich, seit ich denken kann, mehr als alles andere beschäftigt.

In meinem ersten Buch *„Blick hinter die Himmelstür"* war es mein Ziel, mich dieser Frage mit Fakten, Berichten, Forschungsergebnissen und Erfahrungen zu nähern. Doch noch während des Schreibens ereignete sich Folgendes:

Ein weltweit bekanntes spirituelles Medium sollte einen medialen Abend in Frankfurt abhalten, und meine Frau Tina hatte es sich aus irgendeinem Grund in den Kopf gesetzt, dass wir daran teilnehmen sollten. So nahmen wir die 2 1/2 stündige Fahrt dorthin auf uns, auch wenn ich mir nicht vorstellen konnte, warum ihr das so wichtig war. Schließlich sind bei diesen Vortragsabenden meist mehrere hundert Menschen im Saal, und die Chance, dass ausgerechnet wir etwas erfahren sollten, was uns persönlich betrifft, war äußerst gering. Interessant fand ich es allemal, da ich diesen beeindruckenden Mann schon immer einmal hatte kennenlernen wollen.

Doch es kam ganz anders! Das Medium begann, für einzelne Teilnehmer Botschaften zu übermitteln, und mir blieb fast das Herz stehen, als es gleich als Zweites direkt vor mir stehenblieb, mir in die Augen schaute und mir mitteilte, mein Bruder Patrick sei hier und wolle mir dringend etwas mitteilen.

Patrick, mein geliebter kleiner Bruder, war im Alter von 39 Jahren nach langer, leidvoller Krankheit verstorben. Er hatte einen Gehirntumor gehabt, der seit seinem 12. Lebensjahr allen Therapieversuchen getrotzt hatte. Trotzdem hatte Patrick, der ein Einserschüler war, es mit unendlichem Wissensdurst und Begeisterung geschafft, zu studieren, seinen Magister abzulegen und wollte sogar noch promovieren, bevor die Krankheit ihn daran hinderte, sein Zustand sich verschlechterte und er im Januar 2009 schließlich verstarb.

Als das Medium also an diesem Abend auf mich zukam und mich auf Englisch ansprach, fiel ich vor Schreck zunächst einmal beinahe von meinem Stuhl.

„I got your brother here, his name is Patrick!"

Ganz exakt erzählte er uns von Patrick, seinem Leben, seinen Eigenschaften, Freuden, Hobbys, davon, dass er nun in der Geistigen Welt weiterlernen und seinen Doktor machen wolle, und schließlich auch von den Einzelheiten seines Todes. Es versteht sich von selbst, dass niemandem außer der engsten Familie diese Informationen bekannt gewesen waren.

Das Medium schloss mit den Worten:

„You`re a writer! You are supposed to write a book! Your brother is here to help you to write this book and you will have wonderful moments together, when you can sense his presence and when you are writing this book together.“

Nun begriff ich, warum die Geistige Welt und mein *„Spirit Team“* alles, inklusive meiner Frau, in Bewegung gesetzt hatten, damit ich an diesem Abend anwesend war. Ich begriff, dass dieses Buch geschrieben werden wollte und sollte, und da es mir die allergrößte Freude bereitet, die Hoffnung auf ein Weiterleben nach dem Tod weiterzugeben, machte ich mich ans Schreiben. Tatsächlich konnte ich meinen Bruder im Laufe der Zeit mehr und mehr spüren und immer besser lernen, seine Inspiration wahrzunehmen.

So ist dieses Buch entstanden, das du, liebe Leserin, lieber Leser nun in den Händen hältst.

Ob das alles wahr ist? Sind das tatsächlich Antworten aus dem Himmel?

Die Wahrheit hat unendlich viele Facetten, wie ein riesiger Blumenstrauß, den man von allen Seiten aus betrachtet und der von jedem Blickwinkel aus anders aussieht. Kein Blickwinkel allein ist die ausschließliche Wahrheit, alle Facetten und Aspekte gemeinsam und alles darüber hinaus, was für uns mit unseren derzeitigen Sinnen und Fähigkeiten nicht wahrnehmbar ist – all das ist die Wahrheit!

Es ist meine Wahrheit, und wenn ich für Patrick sprechen darf, unsere gemeinsame Wahrheit, unser Himmel.

Ob es auch deine Wahrheit ist, liebe Leserin, lieber Leser, das kannst du nur ganz alleine beurteilen.

Ich möchte dich auf unsere spirituelle Reise einladen und dich mitnehmen in „unseren Himmel", in unsere Vorstellung davon, sodass du vielleicht dein eigenes Empfinden und deine eigene Wahrnehmung dessen finden kannst, wie es für dich weitergeht nach diesem Leben, was dich erwarten könnte. Dadurch, dass du dich mit dem Thema beschäftigst, nachfühlst, dich hineinspürst und hineindenkst, kannst du deine eigene Wahrheit entdecken. Gerade auch bei den Punkten, bei denen du nicht mit mir konform gehst.

„In meines Vaters Hause gibt es viele Wohnungen"

(Johannes 14, 2)

„Euch geschehe nach eurem Glauben"

(Matthäus 9, 29)

Einleitung

Warum ist das Leben nach dem Tod für kein anderes Lebewesen auf der Erde ein Thema? Ist es so, weil unser Ego es hasst, sich das Leben als vergänglich vorzustellen, oder ist der Gedanke an ein Leben nach dem Tod eventuell nur reines Wunschdenken, wie manche Menschen behaupten?

Viele fürchten sich vor dem Tod. Wir fürchten jedoch nur das, was wir nicht verstehen. Und der Mensch hat nur dann Furcht, wenn er unwissend ist. Die Geburt ist ein schmerzhafter Vorgang und oft traumatischer als der Tod. Beim Übergang schaut man auf seinen leblosen Körper und wundert sich meist eher darüber, wie schnell und friedlich alles vonstattenging.

Der Körper ist nur ein physischer Aufenthaltsort für die Seele, die ihn benutzt, um sich in dieser, ihr zugemessenen Lebensspanne als eine ganz bestimmte Energie auszudrücken. Der Tod betrifft also nur den irdischen Körper. Die Essenz, die Seele, lebt weiter. Sterben bedeutet, unseren Körper abzulegen, wie einen alten abgetragenen Mantel.

Der französische Dichter ***Victor Hugo*** schrieb:

„Ich bin eine Seele. Ich weiß wohl, dass es nicht mein Selbst ist, das ich dem Grabe überantworte. Mein Selbst wird anderswohin gehen."

Und in **Johannes 16, 22** tröstet Jesus seine Jünger:

„Und auch ihr habt nun Traurigkeit; aber ich will euch wiedersehen und euer Herz soll sich freuen, und eure Freude soll niemand von euch nehmen."

Ich glaube, dass wir eine ewige Identität haben, die aus einem Schöpfer, einer Urquelle, geboren wurde.

Wir leben zum einen in einer unvollkommenen Welt, in der wir motiviert sind, unseren Lebensplan und unsere Lebensaufgaben zu bewältigen, und zum anderen leben wir in einer ewigen Geistigen Welt. Zwischen diesen beiden Welten reisen wir hin und her, während wir in unseren Körpern hier auf Erden unsere Essenz in allen möglichen Facetten kennen und auszudrücken lernen. Unser Selbst geht dabei nie verloren.

Der Sinn des Lebens ist es, einfach lebendig zu sein. Wir leben in völliger Amnesie und glauben, sterblich zu sein – haben vergessen, dass wir eigentlich ein ewiges Leben haben, ja, ewiges Leben *sind.*

Du bist nicht dein Körper, sondern das, was du bist, ist das Wesen in dir, das diesen Körper bewegen kann und das Gehirn zum Denken bringt.

Deshalb sprechen die Naturvölker von sich oft in der dritten Person. In den Karl May Filmen heißt es daher oft: *„Winnetou hat gesagt."* Vielleicht kennst du auch den berühmten Detektiv *Hercule Poirot* aus *Agatha Christies* Romanen. Er sprach von sich selbst auch immer nur in der dritten Person.

Menschen hadern oft mit ihrem Schicksal und beklagen sich: *„Warum trifft das Leben mich so hart? Ich habe doch keinem etwas getan!"* Vielleicht trifft einen das Schicksal aber nicht deshalb so hart, weil man nie jemanden etwas Schlechtes getan hat, sondern ganz einfach, weil man *nichts* getan hat?

Es gibt eine Studie mit sterbenden Menschen, die zeigen sollte, was diese rückblickend am meisten bereuten. Über 90% bereuten nicht, was sie einmal *falsch* gemacht haben, sondern was sie *nicht* getan haben, aber wovon sie gewusst haben, dass sie es hätten tun sollen. Schon in der Bibel spricht man von sogenannten Unterlassungssünden.

Im Jetzt ist der Moment, in dem du deine Reise planen darfst, damit es in der Richtung weitergeht, in die du gerne weitergehen möchtest.

Für alle Selbstzweifler kann ich nur den wunderbaren Trost von ***Kurt Tepperwein*** weitergeben:

„Mache dir bewusst, dass du von Natur aus ein Gewinner bist. Bei deiner Zeugung gingen 300 Millionen trainierte Athleten an den Start, um ein einziges Ei zu befruchten. Du hast gewonnen, sonst wärst du nicht hier. Du bist ein Gewinner! Das ganze Leben ist ein Spiel, aber nur, wenn du die Spielregeln kennst, bist du ein Gewinner. Spiel dieses Spiel also als ein Gewinner."

Jede Reise beginnt mit ... dem ersten Schritt!

Bist du bereit, dich zusammen mit mir auf diese Reise zu begeben und neue Welten zu entdecken?

Dann lass uns den ersten Schritt tun...

Patricks Übergang

*...allein das Weizenkorn, bevor es fruchtbar
sprosst zum Licht empor, muss sterben in
der Erde Schoß zuvor vom eignen Wesen los.*

(Samuel Preiswerk)

Plötzlich waren die Schmerzen weg. Patrick spürte ein leichtes Vibrieren seines Körpers, der sich allmählich entspannte. Gleichzeitig spürte er einen heftigen Druck am Hinterkopf. Mit Leichtigkeit schraubte er sich seitlich aus seinem Körper heraus und erhob sich. Er fühlte sich leicht wie nie zuvor und schwebte wie eine Feder schwerelos in die Höhe über seinen Körper. Am Fußende des Bettes saß seine verzweifelte Mutter und versuchte, seine kalten Füße zu wärmen. Er selbst spürte aber weder Kälte noch Wärme. Zu seiner Rechten saß sein Bruder und hielt seine Hand. Patrick versuchte, ihnen zuzurufen, dass sie ihn gehen lassen sollten. Er war nun bereit loszulassen, aber sie konnten ihn nicht hören. Plötzlich spürte er einen leichten Ruck in Höhe seines Solarplexus und sah, wie sich von dort etwas löste, das aussah wie eine silbern schimmernde Lichtschnur. Es fühlte sich so an, als ob nun die Verbindung zwischen seinem irdischen Körper und seiner Seele endgültig durchtrennt sei.

Überschäumender Jubel, das Gefühl von unbändiger, grenzenloser Freiheit erfüllte ihn.

Endlich war er aus seinem irdischen Gefängnis befreit. Dieser Körper hatte ihn jahrelang gehindert, das zu tun, was für andere selbstverständlich war. Bedingt durch den Gehirntumor war seine Motorik geschädigt, seine körperliche Beweglichkeit eingeschränkt und seine Sprachgeschwindigkeit verlangsamt.

Er hatte überhaupt nicht den Wunsch, in seinen Körper zurückzukehren und schwebte wie von selbst immer höher.

Weit unter sich sah er die Erde in ein herrlich blaues Licht getaucht. Er spürte, dass die Erde atmete und pulsierte wie ein menschlicher Körper. Es war etwas ausgesprochen Lebendiges. Und gleichzeitig schien es ihm, als ob die Erde verzweifelt nach Luft schnappen würde, so sehr setzten ihr die Umweltverschmutzung und das Verhalten der Menschheit zu.

Staunend betrachtete er von oben das Meer, die Wüsten und die Kontinente und schwebte im All. In diesem Moment fühlte er sich mit allen Menschen auf diesem Planeten verbunden und eins. Er war sich der Menschen bewusst, die in den verschiedensten Ländern ihren Tätigkeiten nachgingen. Jeder von ihnen war er, bloß in einem anderen Körper. Er war der Planet, der Raum, die Energie, das Leben, die Menschen, die Tiere, alles war eins.

Er war der Wassertropfen, er war die Welle, er war der Ozean, die Stille in der Bewegung, die Bewegung und gleichzeitig die ewig währende Ruhe.

Allein. Alles eins.

Instinktiv war ihm klar, dass alles, was er je wissen musste, schon in ihm war.

So also fühlt sich das Sterben an.

Mit dem Thema Tod und Sterben hatte er sich bis jetzt noch kaum auseinandergesetzt. Er steckte mitten in seinem Studium und wollte noch seinen Doktor in Wirtschaftswissenschaft machen. Sein Gehirn funktionierte zum Glück noch ausgezeichnet.

Im Alter von zwölf Jahren war bei Patrick ein gutartiger Gehirntumor festgestellt worden, der ab diesem Zeitpunkt sein Leben komplett veränderte. Mit Hilfe aggressiver Therapien wurde der Tumor zwar zurückgedrängt, begann jedoch im Laufe der Jahre allmählich wieder zu wachsen und machte ihm einen Strich durch die Rechnung seines Lebens.

Jetzt schwebte er immer weiter nach oben, keine Grenzen, keine Schwerkraft, schwerelos.

Plötzlich spürte er ein sanftes Ziehen in einen Tunnel hinein. Wie von einem unsichtbaren Magnet angezogen, zog es ihn förmlich durch diesen Tunnel hindurch, hin zu einem unfassbar hellen, angenehm weißen Licht.

Das war nicht nur einfach ein Licht, es war viel mehr, es war einfach alles. Wie endlich nach Hause zu kommen fühlte es sich an, alles in ihm strebte nur danach, einzugehen in die Unendlichkeit, in die Seligkeit, in die Liebe.

Immer näher kam dieses Leuchten – oder kam in Wahrheit er selbst dem Licht immer näher? So genau konnte Patrick das nicht sagen.

Worte waren nicht mehr nötig, es gab keine Worte, keine Beschreibung für das, was er nun erlebte. Ja, er lebte, er hatte seinen „Tod“ überlebt, und nie zuvor hatte er sich so lebendig gefühlt, so willkommen, so unendlich geliebt und angenommen, angekommen.

Er ging ein ins Licht, in die allumfassende, bedingungslose, tiefste Liebe, er selbst wurde zur Liebe, wurde wieder zu Licht, war das Licht.

Eins mit Gott.

Er erinnert sich, irgendwann einmal etwas von dem Nahtodforscher *Raymond Moody* gelesen zu haben, der dieses Phänomen so ähnlich bereits in den 1970er Jahren beschrieb.

Obwohl dieses Licht überirdisch hell war, war er nicht geblendet und fühlte sich wie neugeboren. Sein Bewusstsein dehnte sich aus und erfüllte den ganzen Raum. Er wurde von euphorischen Gefühlen durchflutet, wie er sie noch nie erlebt hatte.

Von weitem nahm er eine Gestalt wahr, die sich ihm langsam näherte. Je näher sie kam, desto heller wurde ihre Erscheinung. Ihre Umrisse wurden immer klarer und schließlich erkannte er sie – es war seine Oma. Sie wirkte jedoch wesentlich jünger, als er sie in Erinnerung hatte, und strahlte eine Liebe und Wärme aus, wie er sie noch nie erfahren hatte. Plötzlich vernahm er ihre Stimme in seinem Geist: „Ich habe schon auf dich gewartet. Endlich bist du wieder daheim."

Es war eine telepathische Kommunikation, denn sie bewegte dabei nicht ihre Lippen.

Beide umarmten sich innig und voller Liebe, und er fühlte sich geborgen, willkommen und endlich daheim angekommen.

Patrick konnte nicht sagen, wie lange diese Begegnung dauerte, denn er hatte kein Zeitgefühl. Nach dieser herzlichen Begrüßung sagte sie: „Patrick, ich muss jetzt wieder zurück zu meiner Seelenfamilie, und ich freue mich, dich bald dort wiederzusehen. Ich habe dir viel zu erzählen."

Mit diesen Worten entfernte sie sich langsam. Was meinte sie denn mit ihrer Seelenfamilie? Patrick war enttäuscht, denn er hatte viele Fragen auf dem Herzen. Aber sie hatte ja versprochen, dass er sie bald wiedersehen würde.

„Alle deine Fragen werden beantwortet werden, keine Sorge. Deine Erinnerung wird zudem auch allmählich wieder einsetzen, und bald wirst du wieder alles wissen."

Ganz klar vernahm er diese Worte in seinem Kopf. Jemand hatte doch zu ihm gesprochen, oder hatte er sich das nur eingebildet?

Er schaute sich um und erkannte schemenhaft eine groß gewachsene, weiß gekleidete Gestalt. Im ersten Moment flößte ihm diese Erscheinung Ehrfurcht ein, aber als sie näherkam, spürte er, wie ihm ganz viel Mitgefühl, Verständnis und Liebe entgegenflossen.

Das Wesen lächelte ihn wohlwollend und liebevoll an und sagte: „Ich heiße Immanuel und bin dein Geistführer. Du hast diesen Erdenzyklus geschafft, lieber Patrick, und bist wieder daheim angekommen. Komm, ich bringe dich an einen Ort, wo du dich erst einmal erholen und alle deine Fragen stellen kannst. Du wirst dich dort auch wieder an vieles erinnern."

„Wie konnte ich nur je diesen wunderschönen Ort vergessen, der ja eigentlich meine Heimat ist?", schoss es Patrick durch den Kopf. „Warum vergaß ich meine wahre Heimat, als ich in die Erdenebene eintrat? Sieben Milliarden Menschen verharren in diesem Zustand der Amnesie und haben vergessen, warum sie da sind, woher sie kommen und wohin sie gehen. Auf dem Sterbebett haben viele immer noch keine Ahnung von ihrer wahren Natur und der Seelenheimat."

„Sobald du einen neuen Erdenzyklus beginnst, entscheidest du dich sinnvollerweise für diese selbstauferlegte Amnesie. Wenn du nämlich alles über deine vergangenen Leben und über die Heimat deiner Seele wissen würdest, dann würdest du viel zu viel Aufmerksamkeit darauf verschwenden, statt dich um die Aufgaben in diesem Leben zu kümmern", erklärte ihm Immanuel.

„Das verstehe ich. Ich würde mich dann sicherlich auch für erlittenes Unrecht und Ungerechtigkeiten rächen wollen."

„Genauso ist es. Es gibt aber noch einen Grund, warum du deine wahre Identität als unsterbliche Seele vergessen hast. In der Geistigen Welt gibt es keine Gegensätze, keine Polarität. Hier ist alles paradiesisch. Ohne diesen Kontrast kannst du aber dein wahres Wesen nicht richtig kennenlernen. Wenn du nie die Dunkelheit erlebt hast, wie kannst du dann begreifen, was Licht ist, und diesen Zustand zu schätzen wissen? Gerade der Unterschied zwischen Hell und Dunkel führt dich zu einer tieferen Einsicht und schließlich dazu, dass du dich an deinen wahren Ursprung erinnerst. Du kannst also die meisten Lektionen nicht hier lernen, da es hier keine Gegensätze gibt. Auch sogenannte „negative" Emotionen wie auf der Erde gibt es in der Geistigen Welt nicht."

„Wo befinde ich mich denn jetzt? Bin ich im Himmel?", fragte Patrick erstaunt.

„Dies ist der Ort, oder, besser gesagt, die Bewusstseinsebene oder Sphäre, in die alle Seelen zuerst kommen, nachdem sie ihren irdischen Körper abgelegt haben. Man nennt diesen Ort die *Ankunftsebene* oder auch *die Astralebene*. Sie umgibt und durchdringt die physische Welt, ist aber wegen ihrer höher schwingenden Frequenz für die meisten Menschen auf der Erde nicht wahrnehmbar. Die astrale Welt ähnelt der physischen Welt. Es gibt hier Berge, Flüsse, Täler und Länder, die von einer Vielzahl von Seelen unterschiedlicher Glaubenssysteme bewohnt werden. Diese gestalten ihre Umgebung nach ihren Wünschen und Vorstellungen. Sie bauen in Gedanken Dörfer, Städte, Schlösser, Kirchen, paradiesische Landschaften und alles, was ihnen auf Erden lieb und wertvoll war. Dies ist aber nicht der „ultimative Himmel" oder das Paradies, wie es die Kirchen nennen. Hier verarbeitest du alles, was du auf Erden erlebt hast, und machst dir bewusst, welche deiner Gefühle und Erlebnisse noch nicht geklärt oder angenommen worden sind, was noch nicht in der Balance ist und was sich daraus als Konsequenz ergibt. Dieser Bereich wird von den kollektiven Gedanken und Empfindungen der Seelen erschaffen und aufrechterhalten. Manche irren anfangs in dieser Sphäre ratlos und hilfesuchend herum, weil sie sich noch nicht bewusst sind, dass sie nicht mehr unter den Lebenden weilen. Es handelt sich meist um solche, die nicht mit einem Weiterleben nach ihrem Tod gerechnet haben und nun anfangs völlig überrascht sind, dass sie sich getäuscht haben. Jeder erhält jedoch sofort die liebevollste Unterstützung von seinem *Spirit Team*, den Engeln und vielen Lichtwesen, die dabei helfen, dass die Umstellungsphase gut bewältigt wird.

Die Astralebene bietet den Verstorbenen außerdem auch die Gelegenheit, sich von irdischen Abhängigkeiten zu lösen und von niederen Bedürfnissen zu befreien.

Nach dieser sogenannten Eingewöhnungsphase kommst du in den dir entsprechenden Bereich, in dem du dann mit deiner Seelenentwicklung fortschreiten kannst.

Es gibt viele Dimensionen und verschiedene Bewusstseinsebenen. Du gelangst zu der Ebene, die deinem Bewusstseinsgrad, deiner geistigen Reife und Gesinnung entspricht. Dort bist du von anderen Seelen umgeben, die auf einem ähnlichen Niveau schwingen wie du. Es gilt das geistige Gesetz: *„Gleiches zieht Gleiches an."* Dein Bewusstsein gibt die Richtung an für deine Weiterreise."

„Warum kann ich denn nicht gleich in diese höhere Dimension aufsteigen?", wollte Patrick wissen.

„Um in diese höheren Lichtwelten aufsteigen zu können, ist es zuerst nötig, dass du dich von einigen irdischen Bindungen löst, in die du noch verstrickt bist. Du bist auch noch wie die meisten anderen von menschlichen Bedürfnissen und Wünschen abhängig, von denen du frei werden darfst. Je heller und klarer es in dir wird, desto mehr erweitert sich dein Bewusstseinshorizont."

„Ich weiß, ich wollte noch unbedingt meinen Doktor machen, promovieren. Das war mein sehnlichster Wunsch. Sonst hat mich nichts mehr auf dieser Erde gehalten, außer der Liebe zu meiner Mutter. Zum Glück gab es eigentlich nichts, von dem ich körperlich oder seelisch abhängig gewesen wäre, von dem ich jetzt Mühe hätte, es loszulassen."

„Da kannst du dich wirklich glücklich schätzen. Auf diese Seelen kommt nämlich eine besondere Anstrengung zu, die ähnlich wie bei einer Entziehungskur zu Entzugserscheinungen führen kann, zwar auf rein geistiger Ebene, aber darum nicht weniger schmerzhaft. Deshalb werden diese Seelen ganz bestimmten heilenden Maßnahmen zugeführt. Oft sind hier jedoch noch einige „Extrarunden" in Form von Inkarnationen nötig, in denen die Seele immer wieder überprüfen kann, inwieweit sie das Gelernte schon praktisch umsetzen konnte. Menschen sollten sich also zu Lebzeiten gut überlegen, ob sie jedem spontanen Wunsch oder jeder momentanen Lust unkontrolliert nachgeben. Es ist mühsam, diese nach dem Tod wieder abarbeiten zu müssen, denn der Mensch ist nach seinem Übergang eben nicht automatisch erleuchtet, wie du selbst erfahren hast. Er ist immer noch der Gleiche wie zuvor, der Stamm liegt sozusagen genauso, wie er gefallen ist, und seine Gesinnung bleibt nach wie vor dieselbe. Seine bisherige Innenwelt wird nun zu seiner Außenwelt, nach dem geistigen Gesetz: *„Wie innen, so außen."* Er trifft hier nichts anderes an, als was er vor seinem irdischen Tod in Gedanken, Worten, Werken, Gefühlen, Ansichten und Meinungen in sich trug. Es begegnen ihm sozusagen Projektionen seiner Taten. Der Tod ist bloß ein Wechsel von einem Raum in einen anderen."

„Was gibt es denn noch für Bereiche in den höheren Welten, und wie kann ich mir diese vorstellen?", wollte Patrick wissen.

„In der diesseitigen und jenseitigen Welt ist alles in ständiger Bewegung und Schwingung. Vom einfachsten Atom bis zu den entferntesten Sternensystemen ist alles in ständiger Bewegung und Schwingung. Diese Schwingungssphären bestehen nebeneinander oder, besser gesagt, ineinander und beeinträchtigen sich nicht gegenseitig. Sie unterscheiden sich lediglich durch die Höhe und Tiefe ihrer Frequenz und somit durch die Anzahl und den Abstand ihrer eigenen Schwingungswellen. Je bewusster jemand ist, desto höher ist seine Eigenschwingung. Es ist also deine Eigenschwingung, die dafür verantwortlich ist, in welcher Dimension du dich aufhältst. Jeder geistige Fortschritt führt zu einer Schwingungserhöhung und ermöglicht dadurch den Aufstieg in eine höhere Dimension.

Diesseits und Jenseits unterscheiden sich also nur durch ihre Schwingung oder Frequenz. Eine niedere Frequenz kann in der Regel eine höhere Schwingung nicht durchdringen. Es ist aber möglich, dass ein höherer Wellenbereich einen niederen überwindet. Seelen, die also eine höhere Eigenschwingung aufweisen, können daher ungehindert in tiefere Sphären hinuntersteigen, während dieses umgekehrt nicht möglich ist. Das ist mit der Einschränkung gemeint, die sich auf den geistigen Entwicklungsstand oder den Schwingungsbereich der Seele bezieht.

Noch nicht so weit entwickelte Seelen bzw. Seelenanteile „bevölkern“ die unteren astralen Ebenen zwischen der irdischen Welt und den höheren Dimensionen. Die Energie in diesen niedrigen Ebenen ist dichter und ähnelt in ihrer Schwingung sehr der irdischen Welt. Die Seelen stecken dort oft noch in Urteilen, Vorurteilen und spiritueller Unwissenheit fest. Sie wollen oder können nicht in eine höhere erweiterte Welt des Lichts aufsteigen, da sie sich noch stark zu der irdischen Energie der materiellen Erde hingezogen fühlen.

Gleichzeitig sind sie jedoch auf einer anderen Ebene ihres Seins bereits „erleuchtet“, wie du es nennen magst, und im höchsten Licht.

Da es in der Seelenheimat, wie du weißt, keine Zeit gibt, ist alles bereits vorhanden, alle möglichen Ergebnisse, alle Varianten deines Selbst sind bereits existent.

Es gibt unendlich viele Bereiche oder Ebenen, die sich nur durch ihre Frequenz oder Schwingung und durch die Intensität des Lichtes unterscheiden. Alle Bereiche existieren nicht wirklich getrennt voneinander, sondern befinden sich quasi im selben Raum und überlagern sich. Aus Sicht der Seelen haben sie Grenzen, die sich in etwa so darstellen, dass sich bei Annäherung höhere und niedere Bereiche ein- oder ausblenden. Die erste Sphäre ist die Astralsphäre, in der du dich jetzt befindest.

Alles, was in der physischen Welt geschaffen wurde, auch alle Ideen und Inspirationen, alle großen Werke der Literatur, der Poesie, der Musik oder auch wissenschaftliche Erfindungen und Fortschritte in jeglichem Bereich werden in den höheren Regionen der Geistigen Welt erschaffen und nehmen ihren Weg über die niederen Ebenen bis in die irdische Welt. Alle Ideen stellen also eine Verbindung von den höheren zu den niedrigeren, zu den dichteren Sphären, dar. Nichts wurde jemals in der physischen Welt geschaffen, das nicht zuvor seinen Anfang in der Geistigen Welt genommen hat.

„Im Anfang war das Wort", heißt es in der Bibel der Menschen, was eine sehr passende Umschreibung hierfür ist. Zuerst das geistige Konstrukt, der Plan, die Inspiration, dann die praktische Umsetzung und Manifestation in der physischen Welt.

Die höchste Sphäre ist die Lichtsphäre, auch Christus-Sphäre genannt. Seelen in dieser Dimension leben in vollkommener Freude und Harmonie und befinden sich auf der Ebene spiritueller Weisheit und vollkommener Bewusstheit. Jede Seele empfindet sich eins mit der einen Quelle, und es herrscht nur noch reinste Liebe. Die Seelen besitzen dort einen Geistkörper, der äußerst leicht und strahlend hell ist. Sie strahlen von innen heraus im hellen Eigenlicht, was für einen vollkommen geläuterten Seelenzustand spricht. Wer diese Entwicklungsstufe erreicht hat, hat das Rad der Wiedergeburt verlassen.

Jetzt aber bringe ich dich an den Ort der Erholung, der Regeneration und des Erinnerns. Deine lange und schwere Erkrankung hat in deinem Energiesystem Spuren hinterlassen. All das Schwere, was dich so belastet hat, all die körperlichen und seelischen Schmerzen, die da waren, darfst du nun wieder loslassen. Dort kannst du dich erholen und von irdischen Bindungen langsam lösen. Du erfährst dort eine Stärkung durch feinstoffliche Energiezufuhr."

Ort der Erholung

Patrick befand sich in einem großen Gebäude mit unzähligen Betten, das ihn an ein Krankenhaus erinnerte. In den Betten lagen Menschen umringt von Lichtwesen, die ihnen gezielt Lichtenergie in Form von allen vorstellbaren und unvorstellbaren Farbstrahlen, Licht, Klang und Energiestrahlen zufließen ließen.

Patrick lag in einem bequemen Bett und blickte nach oben. Über ihm erstreckte sich eine große, runde Kuppel, und farbiges Licht strahlte aus etwas heraus, das aussah wie unzählige kleine Fenster, die sich oben an der Decke befanden, hinein in die Halle. Dieses allfarbige Licht verursachte in ihm wunderbare Lichtströme der Erneuerung. Wellen von Farben und Energie durchströmten und umgaben ihn.

Immanuel leitete einen Prozess der Energieerneuerung ein. Patricks Energiehaushalt war durch die lange Krankheit stark geschwächt. Diese machtvolle Energiezufuhr fühlte sich an wie eine herrliche Reinigungsdusche nach einem harten Arbeitstag, nur noch wesentlich intensiver. Jede Zelle seines feinstofflichen Körpers wurde mit dieser Energie aufgeladen, und seine Erinnerung kam immer mehr zurück.

Eine Vielzahl spiritueller Helfer und Heiler widmete sich nun seiner Heilung und Energiesanierung. Die Energien von Licht, Farbe und Klang halfen bei der Heilung seines Energiekörpers.

Patrick betrachtete staunend seinen jetzigen feinstofflichen Körper. Von den Spuren all der schweren Operationen, der langen Erkrankung war nichts mehr zu sehen, das war ihm bis dahin noch gar nicht aufgefallen. Alle Schmerzen und Beschwerden waren wie weggeblasen, er fühlte sich frisch, jung und energiegeladen.

„Kommen eigentlich alle Menschen hierher, also auch jene, die böse Taten begangen haben? Für die christlichen Kirchen wäre der Gedanke schlichtweg unerträglich, dass diesen einfach alles vergeben wird und sie auch Heilung bekommen. Die Kirche vertritt doch die Auffassung, dass eine Seele, die im Zustand der Unbußfertigkeit ist, direkt in die Hölle kommt, um im „ewigen Höllenfeuer" oder zumindest im Fegefeuer zu schmoren."

„Jeder, der Heilung und Energieerneuerung benötigt, kommt an diesen Ort. Es gibt keine Hölle für die Seele, abgesehen vielleicht vom Leben auf der Erde", lachte Immanuel. „Jeder schafft sich seinen eigenen Himmel oder seine eigene Hölle. Die Seele kann sich aber entscheiden, diesen Ort für sich selbst zu erschaffen. Die Hölle wird dann zu einem Ort der Bestrafung. Wenn eine Seele nach ihrem Tod an negativen Gedanken oder Schuldgefühlen festhält, dann erschafft sie damit ihre eigene Hölle. Sie ist sozusagen ihr eigener Richter und Kerkermeister. Die Hölle ist eigentlich kein Ort, sondern ein Bewusstseinszustand. Himmel und Hölle sind innerseelische Zustände und nicht äußere Orte. Keine äußere Kraft hat diese Situation erzeugt. Die Seele verliert ihre Leuchtkraft, und ihr Bewusstsein trübt sich ein. Sie kann sich aber jederzeit dafür entscheiden, dem Licht der Liebe zu folgen. Sobald sie sich selbst vergeben und ihren selbstverursachten Zustand als erdrückend und trostlos erfahren hat, kann sie in eine höhere Sphäre aufsteigen. Sie wird von sich aus nach dem Licht höherer Erkenntnis streben und empfänglich und belehrbar sein für die Annäherung und Unterstützung von Lichtwesen aus höheren Sphären. Die Lichtwesen werden niemanden unaufgefordert beeinflussen. Sie wollen jedem einfach die Möglichkeit bieten, wieder den Weg des Lichts zu wählen. Das Licht ist immer vorhanden, auch wenn sich ein begrenzter Bereich ausgrenzt und dadurch Dunkelheit erzeugt.

Sobald sich auch nur die kleinste Ritze öffnet, ist das Licht da und strahlt in die Dunkelheit.

Aus der Sicht der Seelenheimat sind kein Ereignis und keine Handlung *per se* „gut“ oder „schlecht“. Es sind einfach nur Erfahrungen, welche die Seele macht. Jede Erfahrung gibt ihr die Möglichkeit, sich weiterzuentwickeln.“

Durch die Behandlung fühlte sich Patrick immer lebendiger und klarer. Sein Energieniveau und sein Erinnern nahmen immer mehr zu. Er war nicht nur von Wissen erfüllt, sondern auch mit aller nur vorstellbaren Liebe.

Er war jetzt bereit, diesen Ort zu verlassen. Erstaunt stellte er fest, dass er seine Umgebung durch seine Willenshaltung, durch seine Gedankenausrichtung und durch seine Vorstellungen ständig ändern konnte. Es gab nicht nur *eine* Welt, es gab Milliarden verschiedene Welten, die er sich immer neu erschaffen konnte. Womit er sich beschäftigte, woran er gerade dachte und worauf er seinen Fokus legte, wurde zur Realität. In Bruchteilen eines Gedankens konnte er an jedem Ort sein, den er sich wünschte. Seine Einschränkung richtete sich lediglich nach seinem zurzeit erreichten geistigen Entwicklungsstand. Die Fortbewegung erforderte kein Nachdenken und war ganz leicht. Er reiste in „Gedanken“ bzw. durch Gedankenkraft und bewegte sich mit unfassbarer Geschwindigkeit von einem Ort zum anderen. Jeder Gedanke zeigte sofort ein unmittelbares Ergebnis. Wenn er ans Fliegen dachte, dann flog er, und wenn er daran dachte, durch eine Wand zu gehen, tat er es.

Patrick konzentrierte sich, und augenblicklich stand er am Nordrand des Grand Canyons. Er betrachtete das atemberaubende Panorama. Die untergehende Sonne erzeugte ein beeindruckendes Farbenspiel aus orange- und kupferfarbenem Licht, das die Wände des Canyons beleuchtete. Es war ein unglaublicher Anblick.

Dann richtete er seine Aufmerksamkeit auf den Mond und fand sich augenblicklich in der kahlen Landschaft des Mondes wieder und blickte auf etwas, das wie eine große blaue Kugel aussah.

Er konnte sich jede Realität schaffen, in der er seinen Lieblingsbeschäftigungen, seiner Passion nachgehen wollte. Er konnte sich auch eine exakte Kopie der Umgebung erschaffen, die ihm von früher vertraut war. Dazu brauchte er nur diese Orte in seine Erinnerung zu rufen und gerichtete Energiestrahlen seiner Gedanken und Gefühle einzusetzen, damit die entsprechenden Bilder entstehen konnten.

Wenn er auf andere Seelen traf und sich fragte, woher er sie wohl kenne, dann projizierten sie so etwas wie einen kleinen Film in seinen Kopf. Oder sie forderten ihn auf, in seinem Kopf nach der Erinnerung zu suchen, und er sah die Bilder der gemeinsamen Erlebnisse so, als würde er einen Film ansehen, gleichsam in diesen Film eintauchen mit allen Eindrücken, die dazugehörten.

Er begegnete zum Beispiel einer bestimmten Seele, und plötzlich tauchte eine Erinnerung auf, wie er selbst als 10-jähriger Junge mit diesem Freund im Garten spielte. Sein Freund beugte sich über eine Wassertonne und fiel kopfüber in die mit Wasser gefüllte Tonne. Er steckte fest und konnte sich nicht selbst befreien. Geistesgegenwärtig zog ihn Patrick an den

Beinen heraus und rettete ihm so das Leben. Patrick und sein Freund teilten diese gemeinsame Erinnerung nun noch einmal und betrachteten sie zusammen, erlebten sie wieder mit allen Sinneseindrücken und Gefühlen, die damals dazugehörten. „Mein Leben lang bin ich dir nicht mehr begegnet, lieber Patrick, und ich wollte dir all die Zeit dafür danken, dass du mir das Leben gerettet hast und ich so die Chance hatte, so vieles noch erleben zu dürfen." Patrick freute sich über die Worte des Freundes sehr und beide lagen sich überglücklich in den Armen.

„Achte stets auf deine Gedanken, denn alle Formen werden durch fokussierte Gedanken geschaffen, und sie sind sehr real. Das gilt für jede Dimension des Universums", ermahnte ihn Immanuel. „Du bist immer verantwortlich für deine Gedanken, egal, in welcher Dimension du dich befindest. Du hast erlebt, dass alle Gedanken sofort zu einer Umstrukturierung deiner nicht-physischen Umwelt geführt haben. Deine Gedanken üben also einen mächtigen Einfluss auf deine unmittelbare Umgebung aus."

Gibt es im Himmel Religionen?

Da sich Patrick sein Leben lang sehr stark in einer christlichen Gemeinde engagiert hatte, fragte er sich, warum er bisher eigentlich noch niemanden aus seiner Kirchengemeinde oder Glaubensrichtung getroffen hatte. Bevor er starb, hatte er fest daran geglaubt, dass er nach dem Tod in Gemeinschaft mit jenen sei, die seinen Glauben teilen. Das wurde jeden Sonntag gepredigt.

Es wurde doch gelehrt, dass Jesus kommen wird, um die Seinen zu sich zu holen. Just in dem Augenblick, als er diesen Gedanken hatte, befand er sich vor einer Kirche, die genauso aussah wie jene, die er jahrelang auf Erden besucht hatte. Ein Mann mit feierlichem schwarzem Anzug kam ihm freudestrahlend entgegen und begrüßte ihn herzlich.

„Wir haben schon auf dich gewartet, Patrick. Endlich bist du da. Komm schnell mit, der Gottesdienst geht gleich los. Dort vorne in der ersten Reihe ist dein Platz."

Patrick wunderte sich, dass es hier einen Gottesdienst gab. Er war doch jetzt hier in seiner Heimat bei Jesus. Wozu brauchte es denn einen Gottesdienst? Wahrscheinlich erscheint Jesus ja bei dem Gottesdienst?, fragte er sich.

Kaum hatte sich Patrick hingesetzt, ertönte wunderschöne Orgelmusik, und mehrere Amtsträger schritten andächtig nach vorne zum Altar. Einige kannte er von früher. Sie begrüßten ihn freundlich mit einem Lächeln und Kopfnicken und nahmen dann neben dem Altar Platz.

Patrick sah sich um. Auch von innen glich das Gebäude aufs Haar genau der Kirche, die er von früher kannte. Einer der Priester trat an den Altar, und nach einem kurzen Eingangsgebet fing er mit seiner Predigt an. Alle Anwesenden hingen an seinen Lippen. Der Kern seiner Predigt war wie immer das Warten auf und das Kommen des Herrn Jesus.

Patrick erinnerte sich an seinen Bruder Robert. Er war der Erste in seiner Familie gewesen, der dieser Kirche vor vielen Jahren beigetreten war. Mit Feuereifer und großer Begeisterung war er dabei gewesen und versuchte infolgedessen, alle von seinem Glauben zu überzeugen. Damals war Robert verlobt gewesen, und als seine Verlobte nicht bereit war, mit ihm diesen Weg zu gehen, löste er die Verlobung und trennte sich von ihr. Fast jeden Tag ging er in diese Kirche, engagierte sich im Chor und im sozialen Bereich. Natürlich hatte er seine Mutter, seine Oma und Patrick selbst auch von seinem Glauben und dieser wunderbaren Gemeinschaft überzeugt. Später übersiedelte Robert aus beruflichen Gründen nach Deutschland und löste sich nach langen Jahren schließlich von seinem Glauben und dieser Kirche. Er ging nun seinen eigenen spirituellen Weg, hatte aber den Kontakt zu seiner Heimatgemeinde nie ganz abgebrochen. Stets besuchte er mit seiner Mutter den Gottesdienst, wenn er sie gemeinsam mit seiner Frau an ihrem Wohnort besuchte.

„Na, wie hat es dir gefallen?“, Patrick erschrak. Er war so sehr in seine Gedanken vertieft gewesen, dass er gar nicht gemerkt hatte, dass der Gottesdienst schon zu Ende war. Die Frau, die neben ihm saß, sah ihn erwartungsvoll an.

„Sehr schön. Der Gottesdienst ist ja hier genauso, wie ich ihn von früher kenne“, antwortete Patrick.

„Na klar doch. Es hat sich ja auch nichts geändert, außer dass wir keinen irdischen Körper mehr haben“, versicherte ihm die Frau.

„Ich hatte jedoch gehofft, Jesus zu sehen. Ich dachte, wir sind jetzt bei ihm“, wunderte sich Patrick.

„Nicht doch, wir warten immer noch auf sein Kommen.“

Patrick war enttäuscht und dachte an seinen Bruder. Er hatte nie verstehen können, warum Robert, der früher so missionarisch unterwegs gewesen war, plötzlich einen anderen Weg eingeschlagen hatte. Das wollte er unbedingt noch wissen, aber wie sollte er ihn denn fragen? Robert weilt doch noch auf der Erde?

„Vielleicht kann ich dir helfen.“

Patrick sah sich um – Immanuel war da.

„Das wäre schön. Diese Frage beschäftigt mich schon sehr lange.“

„Robert merkte mit der Zeit, dass es in seiner Gemeinde verschiedene Strömungen und Ansichten gab. Es herrschte die Meinung, dass man Amt und Person trennen müsse. Dies war jedoch nicht seine Überzeugung. Robert fühlte, dass jemand, der anderen in religiöser Hinsicht ein Vorbild war, dies im Privatleben ebenso umsetzen sollte. Vielen anderen ging es auch wie ihm, und so kam es zur Spaltung innerhalb dieser Gemeinde. Robert zog sich dann aber immer mehr zurück. Schließlich traf er die Entscheidung, aus der Kirche auszutreten.“

„Du meinst also, es wurde Wasser gepredigt und Wein getrunken?“

„So kann man es auch ausdrücken. Robert sagte, dass es seinem Empfinden nach in der Kirche, nicht nur in dieser, sondern generell in allen Kirchen, die er kennengelernt hatte, zu sehr „menscheln“ würde. Er wandte sich mehr dem Spirituellen im Inneren ohne Bindung an bestimmte Konfessionen zu, übte sich in Meditation, Innenschau und Yoga und beschäftigte sich weiter intensiv mit den großen Sinnfragen des Lebens: Wer oder was bin ich, woher kommen wir, und warum bin ich hier? Er hat auch gelernt, seine feinstofflichen Sinne zu schärfen und seine medialen Fähigkeiten zu erweitern. Sein Ziel war und ist es, seinen eigenen Draht zu Gott, zu höheren Energien und zu höherem Wissen zu finden.

Das Dogmatische und Missionarische hat er weitgehend abgelegt und versucht mehr und mehr, die Wahrheiten der anderen als gleichwertig zu akzeptieren. Dies ist eine seiner Lebensaufgaben. Um das lernen zu können, hat er zunächst das andere Extrem gebraucht und sich in die Energie von Missionieren und Recht-Haben begeben. Nur so konnte er schließlich begreifen, dass jeder, bedingt durch sein Wissen, sein Wesen, seine Erfahrungen und seinen Lernplan, seine eigene Wahrheit hat und alle diese Wahrheiten gleichwertig nebeneinander bestehen können. Die eine Wahrheit sticht die andere nicht aus, um es mit menschlichen Begriffen auszudrücken.

Er hat erkannt, dass es keine absolute Wahrheit gibt, weil jeder von uns nur individuell **wahr**nimmt. Jeder darf seine eigene Wahrheit finden."

„Sagtest du, dass Robert gelernt hat, seine medialen Fähigkeiten zu schärfen? Dann könnte ich doch mit ihm in Kontakt treten?"

„Ja, natürlich kannst du mit ihm Kontakt aufnehmen. Bald wird es in Frankfurt einen Vortrag von einem bekannten spirituellen Medium geben. Dort hast du die Möglichkeit, über dieses Medium mit Robert direkt in Kontakt zu treten. Robert trägt sich mit dem Gedanken, mehrere Bücher über das sogenannte Leben „nach dem Tod", über Bewusstsein und den Sinn des Lebens zu schreiben, und dabei darfst du ihm helfen und ihn inspirieren. Diese Bücher werden für bestimmte Menschen sehr wichtige Wegweiser sein, sie werden ihnen ihre Angst nehmen und ihr Bewusstsein in neue Bahnen lenken, und somit können viele Situationen auf lichtvolle Weise beeinflusst werden. Daher ist es wichtig, diese Bücher nun tatsächlich so schnell wie möglich in die Welt zu bringen.

Du kennst deinen Bruder und weißt, dass er diesen Schubs von oben braucht, um den Mut zu finden, mit seinen Gedanken, Erfahrungen und Erkenntnissen an die Öffentlichkeit zu treten. Gemeinsam könnt ihr vielen Menschen helfen, einen direkten Zugang zur Spiritualität zu finden und ihnen Hoffnung, ja, sogar die Gewissheit schenken, dass es nach dem Tod weitergeht."

Patrick war ganz aufgeregt und konnte es gar nicht mehr erwarten, mit Robert in Kontakt zu treten und ihn bei seinen Bücherprojekten zu unterstützen.

Da Patrick jahrelang in einem schlecht funktionierenden Körper festgesessen hatte, wollte er sich nun endlich seinen sehnlichsten Wunsch erfüllen.

„Ich möchte erst einmal meine neu gewonnene Freiheit genießen und im Meer surfen", dachte Patrick, und im gleichen Augenblick befand er sich an einem wunderschönen weißen Sandstrand. Er nahm sein Surfbrett, das neben ihm stand, und stürzte sich genussvoll in die Fluten und genoss Wind, Salzwasser und Wellen und schwebte förmlich über dem Wasser. Wie lange er diese Freuden auskostete, konnte er nicht genau sagen, aber da es ja bekanntermaßen keine Zeit gibt, konnte er auch keine verschwenden und gab sich aus vollem Herzen seinen Gefühlen und dem Genuss hin.

Endlich konnte er auch wieder Skifahren, Fußballspielen und all die Tätigkeiten ausüben, die er früher so geliebt hatte, die ihm aber zeitlebens wegen seiner Behinderung verwehrt geblieben waren.

Im Gegensatz zur Erde schien hier alles möglich zu sein, und es gab keine Schranken für Hobbys oder vergnügliche Beschäftigungen. Jeder konnte entsprechend seiner inneren Ausrichtung und seinem Glauben seine Realität beeinflussen und mitgestalten gemäß seiner mitgebrachten Vorstellungen und Konzepte. Er beobachtete Seelen und Energiewesen, die jedes bekannte und unbekannte Instrument aus dem Nichts hervorholten und darauf spielten. Die Töne, die hier erschaffen wurden, umfassten eine wesentlich größere Skala als jene auf der Erde. Es gab Chöre, Musikgruppen, Sänger, Bands jedweder Couleur, jeder Stilrichtung. Die unfassbar schöne, vielfarbige Musik, die sie zu ihrer Freude und zur energetischen Belebung anderer hervorbrachten, hatte nichts mehr mit irdischen Maßstäben gemein und übertraf alles, was Patrick sich je hatte vorstellen können. Die Töne waren nicht nur akustisch hörbar, sondern auch spürbar, sichtbar, mit allen Sinnen genießbar.

Andere wiederum erschufen wahre Kunstwerke, Maler, Bildhauer, Künstler jeder Art konnte er staunend beobachten, jedes Material stand ihnen in unbegrenzter Menge und Variation zur Verfügung und der Kreativität waren keinerlei Grenzen gesetzt.

Die Essenz aller Kunst ist die Liebe, das wurde Patrick klar.

Sein Geistführer schaute ihm wohlwollend lächelnd zu. Er kannte dieses Gefühl der wiedergewonnenen Freiheit, denn auch er hatte schon unzählige Male auf dieser Erde inkarniert, bevor er Patricks Geistführer wurde.

Gut angekommen – Nachricht von drüben

Plötzlich spürte Patrick das Gefühl einer tiefen Traurigkeit, das ihn wie eine dichte, dunkle Welle erreichte. Als er genauer hinfühlte, merkte er, das waren der tiefe Schmerz und die Trauer seiner Mutter um seinen Verlust. Die beiden waren tief verbunden gewesen in diesem Leben, und ihre irdische Verbindung reichte über etliche miteinander verbrachte Leben zurück.

Er beschloss, ihr ein Zeichen zu schicken, um ihr mitzuteilen, dass es ihm gut ginge. Da er sich nicht verbal mitteilen konnte, musste er eine andere Form der Kontaktaufnahme finden. Es gab vielerlei Möglichkeiten, diese Verbindung aufzunehmen, und er überlegte, ob er vielleicht ein aufgestelltes Foto umfallen lassen oder sie den Duft seines Lieblingsrasierwassers wahrnehmen lassen sollte? Oder vielleicht sollte er lieber versuchen, mit ihr im Traum Kontakt aufzunehmen, da im Schlaf ihr Bewusstsein weitgehend „heruntergefahren" sein würde und somit eine Kontaktaufnahme leichter wäre?

Schließlich entschied er sich für die Kontaktaufnahme über die Elektrizität, denn Elektrizität ist ein gutes Leitmedium für die Geistige Welt. Elektrischer Strom ist eine Kraft, die von der Vorrichtung abhängt, mit der sie verbunden ist. Also versuchte Patrick, diverse elektrische Geräte im Haushalt seiner Mutter, wie Radio, TV, Waschmaschine oder Licht, ein- oder auszuschalten oder das Licht zumindest zum Flackern zu bringen. Seine Versuche blieben jedoch erfolglos. Auch im Traum drang er nicht zu ihr durch.

Patrick war frustriert.

„Wieso schaffe ich es nicht, einen Kontakt herzustellen?"

„Das liegt nicht an dir, Patrick. Deine Mutter ist immer noch sehr in Schock und Trauer und daher momentan nicht empfänglich für deine Impulse. Tiefe Trauer und starke Emotionen erschweren manchmal einen Kontakt. Versuch es doch mal bei deinem Bruder Robert", schlug Immanuel vor. „Ich glaube, da wirst du erfolgreicher sein."

„Ja natürlich, Robert ist doch medial unterwegs!"

Tatsächlich, gleich der erste Versuch war von Erfolg gekrönt. Patrick schaffte es, sehr zum Leidwesen seines Bruders, die Elektronik seines Autos lahmzulegen. Das Fahrzeug ließ sich per Fernbedienung nicht mehr auf- und zuschließen. Das passierte Robert dreimal, und zwar ausgerechnet jedes Mal dann, wenn er seine Mutter, die fünf Autostunden entfernt wohnte, besuchte. Auch Roberts Heizung zu Hause samt Warmwasserversorgung konnte er mühelos lahmlegen, innerhalb weniger Stunden schaltete sich die Elektronik jedoch wie „von selbst" wieder ein. Danach war der „Spuk" zu Ende. Robert verstand die Botschaft, die Patrick damit senden hatte wollen, und freute sich von Herzen darüber und gab sie seiner Mutter weiter. Diese war natürlich zunächst sehr enttäuscht, dass Patrick sich nicht bei ihr, sondern bei seinem Bruder gemeldet hatte, doch konnte sie Patricks Lebenszeichen annehmen und fand etwas Erleichterung in ihrer Trauer um ihren geliebten Sohn.

„Roberts Schwiegermutter war nach ihrem Übergang noch erfolgreicher als du. Sie hat Tinas teure Kaffeemaschine durch plötzliche Überspannung kaputt gemacht, einen nagelneuen Fön zum Kurzschluss gebracht und die gesamte EDV im Büro ihres Sohnes lahmgelegt."

„Da bin ich aber froh, dass ich nicht mehr Schaden angerichtet habe. Wenn ich an die stümperhaften Versuche der Kontaktaufnahme mit der Elektronik des Autos denke, dann hätte ich meinen Bruder wahrscheinlich damit zu Tode erschreckt“, entgegnete Patrick erleichtert.

Seelenebenen – Der Bereich, den du dir erschaffen hast

„Bist du jetzt bereit, deinen zukünftigen Aufenthaltsort kennenzulernen?", fragte Immanuel.

„Oh ja", rief Patrick begeistert. „Wo ist dieser Ort?"

„Es ist der Ort, der deiner Schwingungsenergie entspricht, und wo sich deine Seelenfamilie befindet. Eigentlich ist es gar kein Ort, sondern vielmehr ein Zustand. Wenn dein physischer Körper stirbt, begibt sich deine Seele auf die Energieebene, die deiner persönlichen Frequenz entspricht. Du wirst immer in die Umgebungen gezogen, die dir vertraut sind. Die Realität, die du real in Erinnerung hast, manifestiert sich oft als energetisches Duplikat deines früheren Lebens auf der Erde."

„Ich verstehe. Dann wird also zum Beispiel ein religiöser Mensch als Seele zu dem Ort gezogen, wo er unter seinesgleichen weiterhin seine religiösen Praktiken ausüben kann. Jede Religion spiegelt sich ja dann auch in der jenseitigen Welt wider, und jeder Glaube erschafft seine eigene Realität, die durch das Gruppenbewusstsein ihrer Bewohner geformt und stabilisiert wird. Solch ein Gruppenbewusstsein habe ich bereits bei der Begegnung mit den Mitgliedern meiner Kirchengemeinde kennengelernt."

„Genauso ist es. Eine Seele begibt sich in die Umgebung, die auf ihren aktuellen Bewusstseinszustand und Glauben ausgerichtet ist. Jede Religion und jede soziale Gruppe schafft sich ihre eigene Vorstellung vom Himmel, die dem Glauben und den Überzeugungen der jeweiligen Gruppe entspricht. Es gibt unendlich viele Realitäten, die von einem Gruppenbewusstsein geformt werden, und jede Gruppe glaubt, im endgültigen Paradies oder Himmel angekommen zu sein, was allerdings ein Trugschluss ist."

„Das musst du mir näher erklären."

„Diese Dimension ist nur eine von vielen Ebenen. Darüber hinaus gibt es noch viele weitere lichtvolle Dimensionen. Das Verweilen hier kann dein spirituelles Wachstum jedoch stagnieren lassen.

Viele Christen warten zum Beispiel immer noch auf den „Jüngsten Tag" oder „Das Jüngste Gericht". Seelen, die in dieser Dimension leben, haben kein Verlangen, weiterzugehen. Es ist daher wichtig, sich seinen unbegrenzten Fähigkeiten als Seele zu öffnen. Die Seele erlebt sonst eher eine Fortsetzung ihrer Begrenzungen statt spirituelle Freiheit.

Allerdings geben sich die meisten Seelen zunächst damit zufrieden, sich dieser Gruppenrealität anzupassen, die von ihren Freunden und Lieben und letztlich auch von ihr selbst bewohnt und erschaffen wurde. Sie meinen, es müsste sich um die höchste Realität, das Paradies oder den Himmel handeln, da es dort nämlich weder Tod noch Krankheit, Verfall und Verbrechen gibt. Die überwiegende Mehrzahl der nicht-physischen Bewohner ist sich allerdings nicht bewusst, dass jenseits der Grenzen ihrer Wahrnehmung andere, noch großartigere Energie-Dimensionen existieren. Das ist der Grund, warum spirituelle Lehrer stets die Wichtigkeit der Nicht-Anhaftung betont haben."

„Wie kann man diese Seelen denn aus ihren selbst erschaffenen „Gefängnissen" oder Begrenzungen befreien? Oder ist das gar nicht nötig?"

„Wenn diese Seelen in ihrer Entwicklung bereit sind, werden sich ihre Schwingung und ihr Bewusstseinszustand erhöhen, und sie werden in weitere Dimensionen geleitet werden und dürfen eine anders-dimensionale Realität erfahren. In der jenseitigen Welt geht es unendlich weiter mit der Entwicklung zu Höherem“, erklärte Immanuel.

„Woran würden diese Seelen denn erkennen, dass sie bereit sind, in eine höhere Dimension zu wechseln?“

„Das spüren sie in ihren Herzen. Geistige Wesen sehen ihre Entwicklung und erkennen, wann sie bereit sind für die nächste Ebene. Keine Seele kommt durch dieses Nadelöhr, die Ballast mitbringt, in Form von irdischen Gewohnheiten oder sonstigen Anhaftungen. Eine noch dichtere, langsam schwingende Seele würde diese lichtvollen Ebenen nicht ertragen und die perfekte Harmonie der höheren Ebenen beeinträchtigen. Sobald das Bewusstsein der Seele also zugenommen hat und somit ihre Schwingung erhöht, wird sie in höher-dimensionale Realitäten gelangen. Jede neue Dimension, in die sie kommt, bietet ihr neue Möglichkeiten für ihr spirituelles Wachstum.

So wird sie sich immer weiterentwickeln und in der Lage sein, das gesamte sichtbare und unsichtbare Universum bewusst zu erleben und zu erforschen.“

Erdgebundene Seelen

„Oft herrscht ein wildes Chaos um Begriffe wie *„Zwischenwelt"* oder *„erdgebundene und unerlöste Seelen"*, verbunden mit der Aufforderung, diese Seelen *„ins Licht"* schicken zu müssen. Können Menschen dies überhaupt?", wollte Patrick wissen.

„Jede Seele, auch diejenige, die ihrem Leben ein Ende gesetzt hat, befindet sich nach dem Übergang in die Geistige Welt sofort im Licht. Sie wird dabei von Engeln, Helfern und ihrem Geistführer unterstützt. Die Seele ist von ihrer Natur aus nichts anderes als reines Licht, was könnte sie anderes tun, als wieder in das ewige Licht einzugehen?

Es ist anmaßend von Menschen, zu behaupten, eine Seele *„ins Licht"* führen zu müssen, wenn ein ganzer Stab von wesentlich höher entwickelten Spirits, Heilern und Helfern im jenseitigen Bereich bereit stehen, um die Seele in Empfang zu nehmen. Wenn man so denkt, dann würde man sich anmaßen, in menschlicher Gestalt und mit sehr begrenztem Wissen mehr Fähigkeiten und Möglichkeiten zu haben als die Heiler und Helfer hier in der Geistigen Welt. Dieses menschliche Bedürfnis, selbst unentbehrlich für das Fortkommen von unsterblichen Seelen zu sein, hat oft mehr mit dem Menschen selbst, seinem Ego und seiner Vorstellungskraft zu tun als mit vermeintlich unerlösten Seelen. Wenn ein Mensch erwartet, „Geister", unerlöste Seelen usw. zu sehen, dann ist das eher seiner eigenen Kreation und Imagination zuzuschreiben.

Natürlich werden Menschen auch oft von ihren Lieben, die bereits auf die andere Ebene hinübergewechselt sind, besucht, was jedoch niemals dazu gedacht ist, um Angst und Schrecken zu verbreiten, sondern um Trost zu bringen.

Diese werden von Menschen oft auch als dunkle Schatten wahrgenommen, die man als Gespenster und Geister interpretiert", erläuterte Immanuel weiter.

„Dieses Phänomen ist wie folgt zu erklären:

Wenn eine Seele versucht, sich zu zeigen, dann könnte es eventuell passieren, dass sie ihre Energie nicht wie gewünscht aufbauen kann, was einerseits vom Ausmaß der zur Verfügung stehenden Energie als auch von den Fähigkeiten der betreffenden Seele abhängt. Sich in physisch wahrnehmbarer Form zu zeigen, will gelernt werden. Was man dann auf der irdischen Ebene wahrnehmen kann, ist lediglich so etwas wie ein Schatten, ein Umriss. Angehörige würden zwar die Energie desjenigen spüren, der versucht, sich zu zeigen, aber man hätte wahrscheinlich nur verschwommene Umrisse und dunkle Schatten wahrgenommen. Du siehst also, dass es sich bei diesem Phänomen um eine Seele handelt, der es nicht gelungen ist, sich vollständig zu materialisieren.

So ging es Roberts Frau Tina als kleines Mädchen, bis hin ins Erwachsenenalter: Ihre Oma, die verstorben war, hatte sie sehr geliebt und kam oft nachts vorbei, um bei ihr nach dem Rechten zu sehen. Tina erwachte dann des Öfteren aus dem Halbschlaf und erschrak, weil sie eine dunkle Gestalt wahrnahm, die sich über sie beugte und ihr immer näherkam.

Ein Verstorbener hat niemals böse Absichten im Sinn. Er möchte auch keine Angst machen oder jemanden ärgern. Leider wird dies dann aber oft dahingehend fehlinterpretiert, dass Verstorbene hilflos in der Zwischenwelt festsitzen, umherirren und keine Ruhe finden würden. Und man behauptet dann mangels besseren Wissens, dass es sich bei dieser dunklen Energie um eine erdgebundene Seele handelt, die man ins Licht schicken müsse.

Auf Erden findet zurzeit ein Transformationsprozess statt, der mit einer Schwingungserhöhung einhergeht. Durch diese Schwingungserhöhung wird sich das Bewusstsein der Menschen bald derart erhöhen, dass sie fähig sein werden, ihre Energie besser aufzubauen. Jeder Mensch auf Erden wird eines Tages fähig sein, feinstoffliche Energien besser wahrzunehmen. Dieser Prozess geschieht natürlich nicht von heute auf morgen, doch er vollzieht sich nun immer schneller und schneller.

Die Zukunft könnte dann vielleicht wie folgt aussehen:

Du siehst eine flackernde Gestalt, die halb physisch, halb durchscheinend wirkt und einige Meter von dir entfernt ist. Beim ersten Mal erschrickst du vielleicht vor dieser Erscheinung. Aber ihr werdet euch zulächeln und schon bald in ein geistiges Gespräch vertieft sein. Die Unterhaltung findet dann in deinem Kopf statt. Geistwesen hören deine Gedanken, so, als ob du laut sprechen würdest. Der „Verstorbene", was, verzeih mir, eigentlich ein ziemlich unpassender Ausdruck ist, kann dir auch Ratschläge geben, die aus seiner Sichtweise und Entwicklungsstufe sinnvoll sind."

„Ich habe aber auch schon oft von sogenannten Geistern oder Seelen gehört, die sich in einem alten Gebäude oder an ihrem Grab aufhalten und „herumspuken". Wenn es nun keine erdgebundenen Seelen gibt, wie du sagst, um was handelt es sich in diesen Fällen? Handelt es sich dabei um einen „Poltergeist"?", wollte Patrick wissen.

„Man muss hier klar unterscheiden zwischen einem Spuk und einem Poltergeist. Bei einem „Spuk" handelt es sich einfach nur um Erinnerungen und Restenergien von Menschen, die gelebt haben – also um deren intensive Emotionen, die in Raum und Zeit gefangen sind. Diese sind auf einem Gegenstand, einer

Umgebung oder einem Ort gespeichert oder imprägniert, wie zum Beispiel ein altes Krankenhaus, ein altes Schloss, Haus oder eine Kirche. Das ist vergleichbar mit einem Fingerabdruck, der auf einem Gegenstand hinterlassen wird, wenn du ihn berührst. Nimmt ein Sensitiver am Friedhof Ängste, Traurigkeit, Sorgen und Wut wahr, dann handelt es sich dabei meistens um die Emotionen der Hinterbliebenen, die bei ihrem dortigen Besuch freigesetzt werden, und nicht um Verstorbene, die dort verweilen.

Wird zum Beispiel jemand ermordet, dann setzt diese Tat ebenfalls eine immense Energie frei, die am Tatort gespeichert wird. Die abgespeicherten Energien sind also dem Raum oder den Gegenständen zuzuordnen, aber nicht den Verstorbenen. Sensitive Menschen nehmen diese gespeicherten Energien wahr, und diese gespeicherten Energien werden dann oft als „böse Geister" oder Spuk fehlinterpretiert.

Bei unerklärlichen Klopfgeräuschen wiederum, die aus einem Zimmer oder Gebäude kommen, oder bei Gegenständen, die sich bewegen oder durch die Luft fliegen, handelt es sich meistens nur um ein Übermaß negativer menschlicher Energie oder Emotionen wie Wut, Hass oder Angst. Bei diesem sogenannten „Poltergeist-Phänomen" handelt es sich in der Regel um einen verunsicherten Menschen, oft im jugendlichen Alter, der tief in sich Wut und Angst trägt – in jedem Fall also starke Emotionen. Diese Gefühle können manchmal explosiv werden und austreten. Die Filmindustrie stellt dieses Thema natürlich immer reißerisch dar, um einen schaurigen Gruseleffekt zu erzeugen."

Patrick erinnerte sich in diesem Moment an den Film *„Der Exorzist"*, der ihn damals sehr aufgewühlt hatte. „Das Phänomen der Gespenster, Geister und Dämonen hat mich schon immer fasziniert. Ich habe mir selbst früher solche Filme angeschaut und dadurch ein ganz falsches Bild von diesen Dingen erhalten."

„Glücklicherweise gibt es keine bösen Geister oder Dämonen, die einen besetzen könnten. Diese Vorstellung, dass jemand von einem bösen Geist besetzt oder besessen sein könnte, ist ein Aberglaube, der aus mittelalterlichen Glaubensüberzeugungen herrührt.

Es gibt nicht den „geborenen Mörder" und auch keine dämonischen Einflüsse, die für vorsätzliche Grausamkeit verantwortlich sind. Der Mensch kommt nicht als Sünder zur Welt. Die Seele wird von ihrer Umwelt und vor allem von ihrem Geist und Gastkörper, den sie selbst gewählt hat, geprägt.

Man kann es vielleicht so sagen: Dämonen spiegeln unsere eigenen inneren, fehlgeleiteten Leidenschaften wider, die uns Probleme bereiten.

Auch wenn sich die Energie einer Seele zeitweilig vom menschlichen Körper entfernen sollte, beispielsweise im Koma, während einer Narkose oder im Schlaf, bedeutet das nicht, dass Platz für ein dämonisches Wesen geschaffen wird, damit sich dieses dort einfach einnisten kann. Auch das ist ein weiterer Mythos.

Jede Seele geht nach ihrem irdischen Tod ins Licht, also in die Geistige Welt. Manche Seelen verharren jedoch noch eine gewisse Zeit in der unteren astralen Ebene, da sie sich zu der irdischen Energie weiterhin hingezogen fühlen. Sie können noch nicht so schnell von Süchten, wie zum Beispiel Drogen, Alkohol oder Sex, loslassen und möchten ihr Suchtverhalten erneut erleben. Solche Seelen halten sich zum Beispiel gerne in Bars auf, weil dort reichlich Alkohol fließt und sie dort leicht an die Energie der dort anwesenden Menschen andocken können.

Wichtig in diesem Zusammenhang ist zu wissen, dass kein Hinterbliebener durch seine Trauer einen Verstorbenen an die Erde binden kann oder ihn in seiner weiteren Entwicklung beeinträchtigt. Oft wird Trauernden gesagt, sie müssten ihre Liebsten doch nun endlich loslassen, damit diese weiter ihren Weg gehen könnten. Das ist jedoch nichts anderes als menschliches, eindimensionales Denken. Die Liebe bleibt bestehen, bis in alle Ewigkeit, und niemand muss den, den er von ganzem Herzen liebt, „loslassen". Die Verbindung bleibt bestehen und kann auch weiterhin gefühlt und wahrgenommen werden. Diejenigen, die vorausgegangen sind, wissen nun im Gegensatz zu den Hinterbliebenen um das „Große Ganze", sie sehen, dass das Leben hier wie dort weitergeht, dass alle sich selbstverständlich wiedersehen werden und dass die Trauer, die ihre Lieben empfinden, zum Lebensplan der Seele gehört – nicht mehr, aber auch nicht weniger. Oftmals gab es auch vor dem neuen Erdenzyklus schon eine gemeinsame Absprache, dass dieser Verlust bereits damals fest eingeplant war und die Bewältigung dieses traumatischen Erlebnisses ein wichtiger Teil des Lernplans sein sollte. Nichts und niemand kann eine grenzenlose Seele festhalten, aufhalten, beschränken oder eingrenzen."

Unsichtbare Freunde – Von Schutzengeln und Geistführern

„Warst du selbst schon einmal inkarniert auf dieser Erde?“, wollte Patrick wissen.

„Ich habe bereits mehrfach physisch inkarniert, bevor ich in die Reihen der Geistführer gewechselt bin.“

„Wie viele Leben bist du schon an meiner Seite?“

„Ich begleite dich schon seit vielen Erdenjahren, um dich in deinen Prüfungen vor, während und nach unzähligen Leben zu unterstützen“, antwortete Immanuel.

„Manchmal habe ich mich jedoch ziemlich allein gefühlt. Besonders in schwierigen Situationen hatte ich das Gefühl, dass du nicht da warst, als ich dich dringend gebraucht hätte“, konnte sich Patrick nicht verkneifen.

„Es ist typisch für die physische Ebene, dass du dich manchmal als abgeschnitten und allein empfunden hast. Ich war immer bei dir, habe mich aber manchmal zurücknehmen müssen, da es für die Entwicklung deiner Seele notwendig war. Ich musste mich zurückziehen, wenn du dich um echte Problemlösungen gedrückt hast.

Du musstest bereit sein, die notwendigen Veränderungen selbst vorzunehmen. Solange du das nicht gemacht hattest, konnte ich deinen Fortschritt nicht unterstützen. Oft hast du dich jedoch geweigert, dich mit deinen Lernthemen auseinanderzusetzen und deinen Ärger auf mich projiziert. Du hast mir dann die Schuld gegeben, weil du meintest, dass ich dich nicht aus schwierigen Situationen gerettet habe. Das ist nur allzu menschlich und verständlich. Ich habe dir aber Botschaften geschickt, meistens in Träumen. Mein Einfluss war immer nur so groß, wie du es gestattet hast."

Beschämt blickte Patrick zu Boden: „So habe ich das noch nicht betrachtet. Es tut mir leid, dass ich dich für meine Unzulänglichkeiten verantwortlich gemacht habe. Wie konnte ich aber in diesen Momenten wissen, ob du bei mir warst oder nicht?"

„Genau wie jetzt in der Geistigen Welt, hattest du immer die Fähigkeit, mit mir jederzeit Kontakt aufzunehmen, zum Beispiel einfach nur in der Stille zu sein, oder in Meditation.

In der Meditation gehst du in deine eigene Stille ins Zentrum deines Seins. Meditation öffnet deine Energiekanäle, hebt dein Energieniveau, und dein Kraftfeld kann aufgebaut werden, das sich immer weiter ausdehnt. Je mehr du meditierst, desto stärker erhöht sich deine Energie, und desto stärker entfaltet sich deine spirituelle Entwicklung. In diesem Zustand tiefster Entspannung erreiche ich dich am besten. Dann hörst du eine innere Stimme, die zu dir spricht. Diese Stimme bin meistens ich. Du erkennst mich daran, dass du meine tiefe, bedingungslose Liebe zu dir fühlen kannst. Um Antworten zu empfangen, solltest du deinen Geist beruhigen und zuhören. Nicht mit deinen Ohren, sondern mit deinem Geist. So erhöhst du dein Schwingungsniveau, kommst in einen tieferen Bewusstseinszustand und kannst leichter in meine Welt gelangen und ich in deine. Da wir alle energetische Wesen sind, funktioniert eine Kommunikation am besten, wenn du dein Energieniveau anhebst.

Ich antwortete dir in Gedanken, indem ich dir die Antworten ins Ohr flüsterte. Oft wurdest du jedoch durch deine eigenen vielen Gedanken oder Sorgen am Zuhören gehindert. Manchmal hattest du aber auch eine Idee oder eine Inspiration, die

Form annahm. Es ging dir buchstäblich ein Licht auf. Diese Gedanken wurden dir von einer Quelle außerhalb deiner selbst zugeführt. Inspiration ist eine Form der Energie. Dein Energiefluss kann aber durch Krankheit, emotionalen Ballast, Schlafmangel, Überarbeitung, Stress und übermäßige Beschäftigung mit Außenreizen, wie zum Beispiel die vermehrte Beschäftigung mit sozialen Medien, blockiert werden, was die Inspiration sogar zum Erliegen bringen kann.

Vielleicht hast du auch einmal einen kühlen Luftzug oder einen plötzlichen Temperaturwechsel wahrgenommen. Kannst du dich noch erinnern, als du als Kind mit einem imaginären Freund sprachst und spieltest? Was meinst du wohl, wer das war?“

„Dieser Freund warst du? Und ich habe mit dir gesprochen und sogar gespielt? Ich dachte immer, das wäre mein Schutzengel“, fragte Patrick erstaunt.

„Natürlich hast du das. Als Kind warst du noch sehr nah an der geistigen Heimat und sahst Dinge, die Erwachsene nicht mehr wahrnehmen. Auch ältere Menschen reden anscheinend mit sich selbst, da sie schon wieder mehr Zugang zur Geistigen Welt haben als andere. Leider werden aber weder Kinder noch Alte ernst genommen, und ihnen wird in diesen Fällen eine lebhafte Phantasie oder eine geistige Verwirrung oder Demenz bescheinigt.“

„In Kinderbüchern liest man oft von Schutzengeln, die an der Seite von Kindern sind und sie beschützen. Habe ich auch einen Schutzengel, oder bist du mein Schutzengel, und was ist der Unterschied zu den Geistführern?“

„Jedem Menschen steht ein Schutzengel zur Seite. Denken Menschen an einen Schutzengel, dann stellen sie sich ihn oft als

Begleiter der Kinder vor. Menschen haben eine bildliche Vorstellung eines Engels als großes, menschenähnliches Wesen, das weiß gekleidet ist, mit Flügeln am Rücken. In manchen Kulturen sind Engel bekannter unter den Menschen als Geistführer, und deswegen zeigen sie sich in dieser Form. Da es in bestimmten Kulturkreisen sehr verbreitet ist, an Engel zu glauben, wird derjenige, der das glaubt, einen Schutzengel wahrnehmen. Auch im Islam und anderen Religionen sind Engel fester Bestandteil des Glaubens. Wir alle hier in der Geistigen Welt sind Geistwesen, und als solche können wir jede Form annehmen.

In höheren Sphären gibt es mächtige Lichtwesen. Sie wurden erschaffen, noch bevor Gott die Menschen schuf. Diese himmlischen Geistwesen bestehen aus dem vollkommensten Licht und leben in verschiedenen Schwingungsebenen. Sie bilden die Sphärenmusik, das heißt, die Grundschwingung des Universums. Die bekanntesten sind die Seraphim, Cherubim, Throne, Erzengel und Engel. Der einzige Zweck ihres Daseins ist, den göttlichen Plan auf Erden und im ganzen Universum zu verwirklichen. Sie sind Hüter der geistigen Gesetze und helfen den Menschen, ihr Bewusstsein für diese höheren Dimensionen des Lichts zu öffnen.

Ein Geistführer kann sich nicht nur als Engel, sondern auch als eine Person oder als Tier zeigen. Er wird sich dir so zeigen, wie du ihn am besten annehmen kannst.

Die Aufgabe des Geistführers ist es, zu unterweisen. Er inspiriert die Menschen in Form von Geistesblitzen, Intuition, inspirierenden Ideen und hilft ihnen, bestimmte Merkmale wie Geduld, Toleranz, Großzügigkeit oder Loyalität zu vervollkommnen. Er kennt deinen Lebensplan und deinen Lebensweg und hilft dir dabei, deine Seelenerfahrungen machen zu können und deinen Lebensplan zu erfüllen. Oft fügt sich etwas „wie von Geisterhand". Hier mag tatsächlich die Geistführung einen sanften Wink gegeben haben. Da dein Handeln jedoch deinem freien Willen unterliegt, wird die Geistführung nie intervenieren oder dich zwingen."

„Warst du also schon immer mein Geistführer?"

„Ja, ich war schon immer dein Geistführer. Neben mir gibt es jedoch noch andere, die dir bei bestimmten Lernaufgaben zur Seite standen, die du dir für die jeweilige Inkarnation gewählt hast. Es sind Spezialisten auf ihrem Gebiet, die sich dir zur Verfügung stellen. Wenn du eine bestimmte Fähigkeit erlernen möchtest, dann wird sich eine Seele zu dir hingezogen fühlen, die dich mit genau dieser Fertigkeit unterstützen kann, gemäß dem universellen Gesetz: *Ähnliches zieht Ähnliches an*.

Wenn du zum Beispiel Musiker werden möchtest, dann wirst du auf der spirituellen Ebene eine Seele anziehen, die es auf diesem Gebiet zur Meisterschaft gebracht hat. Wenn du im heilerischen oder im pflegerischen Bereich arbeitest, steht dir ein Heiler zur Seite, der hier Meister ist und dir die entsprechende Inspiration geben kann.

Im spirituellen Bereich kannst du um Hilfe bei deinen Lebensaufgaben bitten, wenn du zum Beispiel besser verstehen möchtest, wie du vergeben oder ein von Freude und Liebe erfülltes Leben führen kannst, und noch vieles mehr.

Aber auch bei kleineren Aufgaben kannst du stets um die Unterstützung von „Fachleuten" bitten, zum Beispiel, wenn ein bestimmtes berufliches Projekt ansteht oder du kreative Ideen zur Lösung von Problemen brauchst."

Lebensrückschau – Der Film deines Lebens

„Nun wird es Zeit, einen Blick in dein vergangenes Leben zu werfen“, fuhr Immanuel fort. „Wir werden jede Szene deines vergangenen Lebens durchgehen, ganz gleich, ob es gute oder schlechte Zeiten waren. Deine Entscheidungen in wichtigen Situationen werden dir gezeigt und untersucht. Jede Variante wird mit anderen Varianten und Wahlmöglichkeiten verglichen, die unter den jeweiligen Umständen denkbar gewesen wären.“

Patrick war es mulmig zumute. Den Lebensrückblick in allen Facetten und Varianten zu erleben war für ihn eine große Herausforderung. Immanuel nahm seine Bedenken wahr und versuchte ihn zu beruhigen.

„Hab keine Angst, Patrick. Bei dieser Lebensrückschau geht es nicht um Belohnung, Bestrafung und Sühne, sondern um Besserung und Wiedergutmachung. Es hat auch nichts Bedrohliches oder Schulmeisterhaftes an sich, sondern soll motivationsfördernd wirken. Ein Gericht im Sinne eines weltlichen Gerichts gibt es nämlich in der Geistigen Welt nicht. Du erscheinst zwar später auch noch vor einem sogenannten Ältestenrat, aber dazu später mehr.

Das Universum oder Gott bestraft nie jemanden. Warum auch? Es ist seine Schöpfung, die wir erforschen, bis wir lernen, dass alles in Ordnung ist, so, wie es ist. Niemandem kann jemals etwas Unrechtes geschehen. Jeden Schmerz haben wir auf irgendeiner Ebene bejaht, weil wir von höherer Warte aus wussten, dass uns das helfen wird. Es ist also nie eine Bestrafung.

Einer der Grundsätze der Geistigen Welt lautet: Eine Seele ist immer am strengsten gegen sich selbst, wenn es um die Bewertung der eigenen Errungenschaften geht. Du brauchst also keine Angst zu haben, dass du gerichtet, verurteilt, bloßgestellt oder bestraft wirst. Du bist dein eigener Richter. Es gibt auch keine Schuld, da du dir die Rolle, die du in dem vergangenen Leben spielen wolltest, selbst ausgesucht hast, um diese Erfahrungen zu machen. Sei also nicht zu streng zu dir selbst!“

„Gut, ich werde mein Bestes geben. Mein Problem ist mein übertriebener Perfektionismus. Ich wollte es immer allen recht machen und habe mich dabei oft selbst vergessen. Sicherlich habe ich dem einen oder anderen auch wehgetan. Es ist aber wirklich tröstlich, zu wissen, dass es keine ewige Verdammnis gibt, wie uns das die Kirchen glaubhaft machen möchten, sondern wir alle Barmherzigkeit erfahren dürfen und immer wieder die Möglichkeit bekommen, es in einem weiteren Leben besser machen zu können“, bemerkte Patrick erleichtert.

„Jede Seele wird auf ihrem Weg der Weiterentwicklung von Gott wie von seiner Mutter oder seinem Vater geliebt. Leider wachsen aber viele in dem Glauben auf, dass sie sich die Gnade Gottes erst verdienen müssten.“

„Es gibt diesen Satz, den man in der katholischen Kirche betet: *„Herr, ich bin nicht würdig, dass du eingehst unter mein Dach, aber sprich nur ein Wort, so wird meine Seele gesund.“* Ich konnte mit dieser Aussage nie etwas anfangen.“

„Eine Seele würde nicht existieren, wenn sie nicht erwünscht, wertvoll und der Liebe wert wäre und nicht unendlich geliebt würde. Sie muss sich nicht erst das Privileg, würdig zu sein, verdienen“, pflichtete ihm Immanuel bei.

„Bist du nun bereit für deinen Lebensrückblick?"

„Ja, das bin ich", antwortete Patrick tapfer.

Augenblicklich befand er sich in einer großen Halle mit einer Art multidimensionaler 360° großen Leinwand. Es war wie eine Rundumsicht. Patrick konnte sein ganzes Leben in seinen kleinsten Details von Anfang bis zum Ende wie in einem Film in Zeitraffer sehen. Er durchlebte alles, was er öffentlich und privat getan hatte. Er konnte den Film jederzeit anhalten und vor- oder zurückspulen. Er sah es nicht nur, nein, er konnte auch die Emotionen der Menschen spüren, mit denen er verbunden war. Somit konnte er sowohl den Schmerz, die Trauer, aber auch die Freude der anderen fühlen, die er damals nicht wahrgenommen hatte. Er war in der Lage, die Gedanken und Gefühle seiner Mitmenschen voll und ganz zu spüren. Das Ganze fühlte sich so an, als befände er sich dabei im Körper der anderen Person. So konnte er erfahren, wie sich diejenige in der jeweiligen Situation gefühlt hatte und was seine Äußerungen und Handlungen im anderen bewirkt hatten. Auch alle Konsequenzen seines Handelns und Denkens erstreckten sich sichtbar vor ihm wie Strahlen aus lebendigen Bildern.

Es war ihm möglich, alles zu sehen und zu spüren, was an seinen Taten und Gedanken gut und was weniger gut gewesen war.

Er konnte auch als aktiver Teilnehmer in der Vergangenheit bestimmte Ereignisse noch einmal erleben und Teil einer Szene werden. Bei diesem Rückblick konnte er die Rollen tauschen, die Rolle seines Gegenübers einnehmen und somit das Erlebte aus der Perspektive des anderen erleben, indem er bestimmte Ereignisse noch einmal durchspielte. Bei dieser Rückschau wurde ihm auch gezeigt, was gewesen wäre, wenn er sich in den unterschiedlichsten Situationen anders entschieden hätte und was getroffene Reaktionen und Entscheidungen für Auswirkungen gehabt hätten. Dies alles geschah zeitgleich. Alles war multidimensional, und Patrick wusste in einem einzigen Moment, was diese Entscheidungen für eine Auswirkung für sein weiteres Leben hatten.

Eine Szene prägte sich Patrick besonders ein. Sein Bruder Robert war zu Besuch bei ihm und der Mutter in seiner Heimatstadt gewesen. Robert begegnete seiner Mutter immer distanziert und kühl. Ihr Verhältnis zueinander war bei weitem nicht so innig und herzlich wie bei ihm und der Mutter. Er konnte seinen Bruder nicht verstehen und machte ihm deswegen insgeheim Vorwürfe. Jetzt sah er einen Teil des Lebensfilms seines Bruders. Die Gefühle, die Robert in seiner Kindheit erlebt hatte, konnte er nun am eigenen Leib spüren, erlebte gewisse Szenen direkt mit, alles, was Robert damals so sehr geschmerzt und geprägt hatte, fühlte er so, als ob es ihm selbst geschehen sei.

Nun verstand Patrick, warum das Verhältnis zwischen Robert und seiner Mutter so angespannt war. Damals hatte er die Vorgeschichte seines älteren Bruders nicht gekannt, da er selbst noch nicht geboren war, aber jetzt war ihm alles klar, und es tat ihm leid, dass er mit Robert deshalb in Streit geraten war.

Die grundsätzliche Frage, die Patrick sich in seiner Lebensrückschau stellte und die sich in jeder Lebensrückschau stellt, war, ob er Liebe gegeben oder zurückgehalten hatte. Er erkannte, was das Wichtigste auf dieser Erde war: bedingungslose Liebe, Vergebung, Akzeptanz und ob und wie er anderen geholfen hatte. Es war wirklich nicht mehr wichtig, ob er nun einen Doktortitel erworben hatte oder nicht.

„Ich hatte in diesem Leben eine ganz besonders enge Beziehung zu meiner Mutter. Jetzt weiß ich wieder, dass wir uns schon unzählige Leben zuvor in verschiedensten Rollen begegnet sind und voneinander gelernt haben.

In meinem letzten Leben wollte ich Demut lernen. Dadurch konnte ich neue Talente und Kräfte in mir entdecken, die ich mir vorher nicht zugetraut hätte. Deshalb habe ich beschlossen, im Alter von zwölf Jahren eine Behinderung in Form eines Gehirntumors auf mich zu nehmen, sodass ich auf die Hilfe anderer, insbesondere meiner Mutter, angewiesen war.

Meine Mutter konnte in dieser Konstellation lernen, Verantwortung für andere zu übernehmen. Es war eine große Herausforderung für sie, Geduld zu üben und sich auf die Dinge zu konzentrieren, auf die es im Leben wirklich ankam. So durfte sie lernen, Mitgefühl, Barmherzigkeit und bedingungslose Liebe zu leben.

Meine Schwester erklärte sich bereit, ihr ebenfalls bei dieser Lernaufgabe zu helfen, indem sie sich für eine schwere geistige Behinderung, das sogenannten *Rett-Syndrom,* entschied. Die Herausforderung, ein behindertes Kind großzuziehen, ein Leben lang mit aller Hingabe zu begleiten, war gleichzeitig eine wunderbare Chance für meine Mutter, einem anderen Menschen uneingeschränkte Liebe zu schenken.

Dies haben wir drei Seelen vorher miteinander vereinbart, und die Seele, welche die Rolle meine Mutter einnehmen würde, war sehr dankbar, dass wir ihr diese tiefgreifende Erfahrung ermöglicht haben. Sie hat diese nicht einfache Aufgabe wunderbar gemeistert, und daran ist sie gewachsen."

„Deine Mutter hat in ihrer zweiten Lebenshälfte erkannt, dass es im Leben nicht nur um ihr eigenes Wohl und ihre Selbstverwirklichung geht, sondern auch um das Wohl all der Menschen, deren Leben sie berührt“, pflichtete ihm Immanuel bei.

„Beim Betrachten meines Lebensfilms ziehen sich die Themen Eifersucht und Ehrgeiz wie ein roter Faden durch mein vergangenes Leben. Damit hatte ich immer wieder Probleme. Ich war sehr ehrgeizig und wollte immer besser sein als andere. In der Schule und auch im Sport wollte ich immer der Beste sein. Als ich dann meine Krankheit bekam und keinen Sport mehr ausüben konnte, war ich natürlich eifersüchtig, besonders auf meinen Bruder, der ein hervorragender Sportler war. Dafür schäme ich mich. Wie kann ich das wieder gut machen?“, wollte Patrick wissen.

„Es liegt in der Natur der Seele, bestimmte Erfahrungen zu machen. Deshalb hast du mit Robert vor deiner letzten Inkarnation eine Vereinbarung getroffen, aus Liebe auch einmal eine „negative“ Rolle zu übernehmen, um dir diese spezielle Erfahrung zu ermöglichen, nämlich Demut zu lernen. Indem er dir diesen Spiegel vorhielt, hat er dich dabei in deinem Entwicklungsprozess unterstützt.

Schau dir deinen Lebensfilm aber noch etwas genauer an. In deiner langen Studentenzeit sind so viele wunderbare Menschen in dein Leben getreten, denen du niemals begegnet wärst, wenn du einen gut funktionierenden Körper gehabt hättest. Sie haben dich wie selbstverständlich als einen der Ihren angenommen und dich in jeder Hinsicht unterstützt. Das war auch eine wichtige Lebenslektion, die du ihnen ermöglicht hast.

Ein wichtiger Grund, warum du dir ein Leben mit einer körperlichen Behinderung ausgesucht hast, war, nicht mehr vor den Menschen davonlaufen zu können, die dir Liebe geschenkt haben. In früheren Leben ist es dir schwergefallen, liebevolle

Zuwendung von Mitmenschen anzunehmen. Deshalb plantest du ein Leben, in dem du mehr oder weniger gezwungen warst, von Menschen „abhängig" zu sein, um diese Lektion zu lernen."

„Bei dieser Rückschau sehe und erlebe ich auch, dass ich einige Menschen verletzt und oft auch vorschnell beurteilt habe. Mir ist zwar klar, warum sich eine Seele bereit erklärt, einer anderen Seele aus Liebe solch eine Erfahrung zu bereiten, indem sie diese verletzt. Aber gibt es denn keine andere Möglichkeit, diese Erfahrung zu machen?"

„Das wahre Wesen unserer Seele ist Liebe. Die Geistige Welt und das Universum sind nichts anderes als Liebe. Unser größter Wunsch besteht immer darin, anderen einen Dienst zu erweisen. Diese Liebe treibt zum Beispiel einen Partner dazu, diese unliebsame Rolle zu übernehmen, um einer anderen Seele diese Erfahrung zu ermöglichen. In der Geistigen Welt gibt es keinen Neid oder Hass und auch keine Rachsucht, sondern nur Vergebung und Verständnis, Licht und Liebe. Vergebung ist ein Ausdruck von Liebe. Ohne die Chance, jemand anderem zu verzeihen, könnte die Seele diesen Aspekt der Liebe nicht kennenlernen. Das ist der Grund, warum Seelen vor ihrer Geburt vereinbaren, sich auf bestimmte unangenehme Ereignisse einzulassen. Der Seele fällt dann die schwierige Aufgabe zu, sich in der Kunst des Verzeihens zu üben.

Gerade die Menschen, die dich am meisten schikaniert und geärgert haben, waren in Wirklichkeit diejenigen, mit denen dich in der Geistigen Welt ein besonderes Band der Liebe verbindet. Zerstrittene Ehe- oder Geschäftspartner oder grausame Eltern und deren misshandelte Kinder sind in der Geistigen Welt oft die besten Freunde. Sie haben auf Erden nur eine unangenehme und schwere Rolle eingenommen, aber lieben einander von ganzem Herzen und inkarnieren deshalb zu einem späteren Zeitpunkt oft wieder gemeinsam, um ihre Lernaufgaben abzuschließen."

„Gibt es denn auch Menschen, mit denen ich keine Abmachung getroffen habe und die mir das Leben trotzdem schwer gemacht haben?", wollte Patrick wissen.

„Ja, die gibt es auch", gab Immanuel Patrick zu verstehen. „Es ist ein Unterschied, ob sich eine Seele dazu bereit erklärt hat, eine negative Rolle aus Liebe zu übernehmen und eine Vereinbarung mit der jeweiligen Seele getroffen hat, oder ob sich diese Seele ihrer schlimmen Handlungen gar nicht bewusst war und also gar nicht bemerkt hat, was sie sich selbst und anderen angetan hat.

Ein Beispiel hierzu kennen wir aus dem Leben Jesu. Als ihn die Kriegsknechte kreuzigten, betete er für sie und sprach: *„Vater, vergib ihnen, denn sie wissen nicht, was sie tun."* Da sie unbewusst handelten, wird ihr Gewissen sie vorerst in der Dichte ihres Bewusstseins festhalten. Es geht hier um Selbstvergebung. Damit ist nicht das oberflächliche Dahinsagen von Vergebungsfloskeln gemeint, sondern dass die Seele sich vollkommen offen und ehrlich im Spiegel ihrer selbst betrachtet, mit allem, was sie getan oder nicht getan hat, und sich selbst wieder im Licht der Liebe sehen kann. Erst wenn die Seele wieder mit sich im Reinen ist und ihre Schwingung erhöht, kann sie von einer höheren spirituellen Ebene angezogen werden.

Auch Menschen, die oft jahrelang schädliche Gewohnheiten beibehalten, sind sich ihrer Handlungen nicht bewusst. Wenn sie sich dieser Handlungsweisen nicht bewusst werden, können sie leicht von diesen Gewohnheiten und Fixierungen gefangengenommen werden und in eine Sucht hineingleiten, obwohl sie es anfangs gar nicht bemerken. Die Sucht nach Essen, Alkohol, Drogen, Rauchen, Glücksspiel oder einem anderen Laster setzt sich, wie gesagt, nach dem Tod eine gewisse Zeit lang fort."

„Diese Menschen sind wirklich zu bedauern und werden von der Gesellschaft auch noch ausgegrenzt und verurteilt."

„Das negative Urteil der Mitmenschen ermöglicht es dem Drogen- oder Alkoholsüchtigen jedoch, das ganze Wechselbad der Gefühle zu erleben, das zu seinem selbst gewählten Weg gehört. Eine Seele, die sich zum Beispiel vornimmt, in ihrem nächsten Leben Alkoholiker zu werden, veranlasst damit unter anderem andere Menschen, ihr Mitgefühl entgegenzubringen. Vorurteile diesen Menschen gegenüber sind daher vollkommen unbegründet. Dieses Geschenk, dass man Mitgefühl erlernen darf, erhält man meistens gerade von den Menschen, über die man am härtesten urteilt.

Das, was wir an anderen Menschen verurteilen und ablehnen, sind jedoch in Wirklichkeit Seiten unserer eigenen Persönlichkeit. Aus menschlicher Sicht würdest du zum Beispiel einen Drogendealer, der für den Tod eines Menschen verantwortlich ist, aufs Schärfste verurteilen. Da du aber nicht die Seelenpläne der beiden kennst, solltest du dir besser kein Urteil erlauben. Der Drogendealer gab diesem Menschen aus höherer Sicht womöglich die Möglichkeit, so zu leben und zu sterben, wie er es brauchte, um sich innerlich weiterentwickeln zu können. Auf der Seelenebene gibt es keine Opfer und keine Täter. Dort sind sie vielleicht die allerbesten Freunde.

Oft ist der Süchtige auch nicht in der Lage, das ihm innewohnende Wesen zum Ausdruck zu bringen, da er nicht mehr Herr über seinen Körper und sein Gehirn ist. Damit soll aber sein Verhalten nicht entschuldigt werden, da er sich ja schließlich freiwillig für solch einen Körper entschieden hat. Er wollte vielleicht herausfinden, ob er in der Lage wäre, einen Körper im Zaum zu halten, der zu Exzessen neigt. Das gilt übrigens auch für Psychopathen. Sie haben sich ein Gehirn ausgesucht, das anders funktioniert. Das Gehirn eines Psychopathen verknüpft Informationen nicht mit Gefühlen und bewertet Situationen anders als „normale" Menschen. Psychopathen reagieren zum Beispiel kaum auf stark mit Gefühlen aufgeladene Worte wie Liebe oder Hass. Bei ihnen ist die präfrontale Großhirnrinde mangelhaft ausgebildet oder verändert. Dort ist der Sitz von Gefühlen, Gewissen und sozialem Verhalten. Ihnen fehlt es demzufolge an Empathie, Mitgefühl und Reuegefühl. Deshalb können sie nur ihre eigene Wahrnehmung für wahr befinden und sind nicht in der Lage, einen anderen Standpunkt einzunehmen und empathisch mitfühlend auch gelten zu lassen. Ihr wahrer Kern ist so sehr verschüttet, dass sie den Zugang zu menschlichen Gefühlen nicht mehr finden. Als Kinder quälen sie dann oftmals Tiere, und als Erwachsene streben sie nach Macht, die sie dann missbrauchen. Dazu benötigen sie Opfer, die sie für ihre Tat verantwortlich machen. Sie werden aber aus ihrer Verantwortung nicht entlassen, denn sie haben sich freiwillig solch einen Körper und solch ein Gehirn ausgesucht. Die Seele ist nicht krank und kann niemals krank werden, nur das Gehirn."

„Wenn sich nach dem Tod Gewohnheiten fortsetzen oder der Seele nicht bewusst ist, was sie anderen angetan hat, wie kann sie dann aus diesem Zustand befreit werden?"

„Eine Seele, die zum Beispiel in Verbrechen verwickelt gewesen oder in einer Sucht gefangen war, wird an spezielle Orte gebracht, wo sie wieder heil und ganz werden kann. Wenn die Seele bei der Bewältigung ihrer Aufgaben keine Fortschritte machen möchte, so wird das respektiert. Nach dem Karma-Gesetz werden folgerichtig alle Taten, die nicht der reinsten Liebe entsprechen, seien sie absichtlich oder unabsichtlich begangen worden, in einem zukünftigen Leben auf irgendeine Weise wieder ausgeglichen. Das ist ein ganz natürlicher Vorgang. Wenn du einen Ball in die Höhe wirfst, fällt er irgendwann, dem Gesetz der Schwerkraft folgend, wieder herunter. Wenn ein Pendel stark in die eine Richtung ausschlägt, schlägt es auch wieder in die entgegengesetzte Richtung aus. Alles, was du verursacht hast, zieht Konsequenzen nach sich. Es handelt sich dabei nicht um Bestrafung oder Buße, sondern vielmehr um die Möglichkeit, einen Ausgleich wiederherzustellen und um geistiges Wachstum", erklärte Immanuel.

„Ich dachte, in der Geistigen Welt sind alle Seelen voller Liebe und es herrscht hier nur lauter Liebe. Wie kann dann eine Seele, wenn sie auf die Erde kommt, derart unbewusst böser Taten überhaupt fähig sein?", wunderte sich Patrick.

„Gastkörper enthalten oft viel niedrig schwingende Energie, die sehr dicht ist und mit der einige Seelen nicht zurechtkommen. Dieser reinen, lichterfüllten subtilen Seelenenergie fällt es oft schwer, eine Verbindung mit einem menschlichen Gastkörper einzugehen. Es braucht Zeit und Erfahrung, um damit umgehen zu können. Das „Böse" ist nicht angeboren, und es gibt auch kein sogenanntes „Mörder-Gen". Jedenfalls sind alle Seelen voller Liebe, und es gibt kein verborgenes böses Selbst in unserer menschlichen Gestalt."

„Genauso wenig, wie es böse Geister und Dämonen gibt", warf Patrick ein.

„Richtig. Menschen, die mit ihrem Körper nicht in Harmonie leben, fühlen sich im Leben von sich selbst abgetrennt. Der

Gradmesser für böse Taten ist das schlechte Gewissen, das jeder hat, der Böses tut. Alle Seelen sind verantwortlich für ihr Verhalten in den von ihnen gewählten Körpern.

Die Seele ist meistens sehr wohl in der Lage, die biologischen und emotionalen Reaktionen im Leben zu beherrschen, doch manchmal ist sie damit überfordert, ein nicht optimal funktionierendes Gehirn mit unkontrollierten Hormonausschüttungen unter Kontrolle zu halten. Kampf- und Fluchtmechanismen haben ihren Ursprung im primitiven Gehirn, nicht in der Seele. Die Seele drückt sich ja durch diesen Körper aus, benutzt dieses Gehirn. Eine Seele wird aber deshalb, wie gesagt, nicht aus der Verantwortung für ein gestörtes menschliches Gehirn entlassen, das sie nicht beherrschen kann, da sie sich dieses Gehirn und diesen Körper letztendlich ja selbst ausgesucht hat, um genau diese Erfahrung machen zu können. Die tröstliche Botschaft lautet jedoch: Die Wiederauferstehung der Seele in die Geistige Welt verläuft immer ins Licht."

Beim Betrachten seines Lebensfilms erkannte Patrick, dass er sich viel vorgenommen, aber in seinem letzten kurzen irdischen Leben auch viel erreicht hatte.

Er hatte schon seit jeher eine ganz besondere Beziehung zu seinem Bruder Robert gehabt. Seit vielen Inkarnationen standen sich die beiden nahe und halfen sich gegenseitig auf dem Weg der spirituellen Entwicklung. In diesem Leben hatte Robert sich vorgenommen, endlich den Durchbruch zu schaffen, seine eigene Spiritualität zu entdecken. Patrick hatte sich angeboten, ihm als Bruder aus der jenseitigen Welt dabei zur Seite zu stehen. Ein spirituelles Buch wollte Robert schreiben, in dem er all seine über die Jahre gewonnen Erkenntnisse den Menschen mitteilte, die ähnlich fühlten wie er selbst und die es zu diesem

Buch hinziehen würde. So wie dich, liebe Leserin und lieber Leser!

Patrick würde ihn hierbei inspirieren und ihm seine Sichtweise auf die Geistige Welt mitteilen.

Doch dazu musste Patrick erst einmal sicherstellen, dass sein lieber Bruder ihm auch zuhörte. Da Robert sich schon jahrelang um diese Aufgabe herumgedrückt hatte, immer nur noch mehr lernen und noch sicherer werden wollte, bevor er sich endlich anderen Menschen offenbarte und diesen helfen konnte, musste Patrick sich eine kleine List ausdenken. Er wusste, dass seine Schwägerin Tina, Roberts Frau, auf seiner Seite stand und schon lange darauf drängte, dass ihr Mann all die Dinge, die er gelernt und erlebt hatte, endlich anderen zugutekommen ließ.

Daher saß er mit seiner Seelenenergie direkt neben Tina am Schreibtisch, als diese wieder einmal die Seminare eines bekannten Veranstalters spiritueller Kurse und Vortragsabende im Internet durchforstete. Als sie bei einem medialen Vortrag mit Live Demonstration von Jenseitskontakten angelangt war, ließ Patrick ihr keine Ruhe mehr. Tina bekam das starke Empfinden, dass sie, aus welchem Grund auch immer, unbedingt zu dem Vortrag von einem bekannten Medium müsse und dass Robert sie dabei begleiten solle. Immerhin ging es um eine 2 ½ stündige Autofahrt, und all das nur wegen eines kurzen Vortrags. Doch Robert willigte ein, und so fuhren die beiden schließlich in der Vorweihnachtszeit nach Frankfurt.

Beim medialen Demo-Abend des berühmten Mediums in Frankfurt nutzte Patrick die Gelegenheit. Er nahm das Medium als einen Lichtpunkt wahr und konnte sich ihm ganz leicht nähern und sich ihm mitteilen, da er Robert unbedingt diese Botschaft übermitteln wollte.

„Das hat mir riesigen Spaß gemacht! Der Geistführer des Mediums konnte gar nicht anders. Er musste mich gleich durchlassen und den Kontakt herstellen. Robert und ich helfen uns schon seit tausenden von Leben gegenseitig in unterschiedlichen Rollen. Meistens inkarnierte nur einer von uns auf der Erde, und der andere half ihm bei seinen Aufgaben aus der jenseitigen Welt. Wir nannten das unser „Gummikarma", weil wir wie durch ein elastisches Gummiband stets miteinander verbunden sind. Letztes Mal waren wir dann zur Abwechslung einmal beide gleichzeitig inkarniert."

„Das hast du übrigens wunderbar hinbekommen", lobte ihn Immanuel. „Es waren über 150 Menschen in dem Saal, und es versammelten sich viele Seelen in der Geistigen Welt, um bei dem Medium durchzukommen. In dem Durcheinander von Informationen, Stimmen und in der allgemeinen Aufregung war es für das Medium eine ziemliche Herausforderung, die Gedanken und Gefühle all der Seelen, die wahrgenommen werden wollten, in seinem Geist zu empfangen. Sein Geistführer hatte die Aufgabe, die Seelen in der am besten passenden Reihenfolge zu positionieren, sodass sie ihre Botschaften an die Angehörigen mitteilen konnten.

Du hast dich sehr deutlich bemerkbar gemacht, und es war eine tolle Bestätigung für deinen Bruder, dass er auf dem richtigen Weg ist.

Die Bücher, die Robert und übrigens auch seine Frau Tina schreiben, werden anderen Menschen Licht und Trost bringen, und dieses Pflänzchen Hoffnung und Zuversicht werden diese auch wiederum weiterreichen an andere, die Hilfe in ihrer Trauer und Angst brauchen. So wird eine ganze Kaskade von Licht verbreitet.

Es ist an der Zeit, dass immer mehr Menschen von der ewigen Existenz der Seele und der Geistigen Welt erfahren, dass die Grenzen zwischen „Diesseits und Jenseits“, wie es auf Erden genannt wird, durchlässiger werden und niemand mehr an der Endgültigkeit des physischen Todes verzweifeln muss.

Übrigens habt ihr beide tatsächlich dieses „Gummikarma“ wie du das nennst“, pflichtete Immanuel ihm bei. „Ihr seid beide sogenannte Nachwuchsführer, die sich in Ausbildung befinden. Ihr habt im Laufe von vielen Inkarnationen euren eigenen Stil und eigene Techniken entwickelt, um miteinander zu kommunizieren. Die Auswahl eines Geistführers wird in der Geistigen Welt sorgfältig durchgeführt und vorbereitet. Jeder Mensch hat einen fortgeschrittenen Geistführer, dem ein ganzer Stab von Seelen zugeteilt ist, die sich teilweise noch in Ausbildung befinden. Du warst ja lange Zeit Roberts Geistführer zugeteilt und hast viel gelernt. Du bist auf dem besten Weg, selbst ein Geistführer zu werden, und deshalb wirst du demnächst als Geistführer tätig sein.“

Patrick war überwältigt von diesen Ausführungen und konnte es kaum fassen, dass er nun bald die Verantwortung für eine Seele mittragen durfte. Da beschäftigte ihn aber schon die nächstliegende Frage.

Fragen an den Geistführer

Seelengeburt – Die Erschaffung der Seele

„Aber wie wird denn eine Seele in der jenseitigen Welt erschaffen, wie entsteht sie, und gibt es einen höheren Zweck, warum wir erschaffen wurden?", wollte Patrick wissen.

„Wie bei einer physischen Geburt auf der Erde, gibt es selbstverständlich auch eine Seelengeburt in der Geistigen Welt. Unsere Seelenenergie wird aus der Quelle der Schöpfung erschaffen, von deren Beschaffenheit und Größe wir uns kaum ein Bild machen können. Die Menschen haben vielerlei Bezeichnungen für die Quelle: *Gott, Allah, Brahman, der Ursprung*, oder einfach *die Liebe* oder *das Licht*. Wir entspringen alle der gleichen unendlichen Ur-Quelle, die man auch als Schöpferkraft oder *Gott* bezeichnen kann. Und doch ist jede Seele einzigartig. Jede Seele ist aufgrund ihrer Charakterzüge etwas Einzigartiges, und es gibt keine zwei identischen Seelen, so, wie es keine zwei völlig identischen Schneeflocken gibt.

Mit unserer Geburt will das Göttliche in die Erfahrung gehen. Das Göttliche möchte sich selbst erfahren, also nicht nur *sein*, sondern tatsächlich in ganz praktischer Hinsicht in die Erfahrung gehen. Deshalb schöpfte es aus den verschiedensten Aspekten seiner selbst Schwingungen als Ausdruck von sich selbst. Dies geschah, um möglichst breite Erfahrungen anlegen zu können. Jede dieser Schwingungen hat sich ebenfalls vielfach und unendlich oft aufgespalten und ausgedehnt.

Nehmen wir als Beispiel den physischen Körper. Er besteht aus vielen einzelnen Organen und Gliedern, die alle eine unterschiedliche Funktion ausüben und demzufolge für sich eigene

Erfahrungen sammeln. Trotzdem stellen sie eine Einheit in sich dar und gehören alle zum selben Körper, ohne den sie nicht getrennt existieren könnten. So sind auch wir gleichzeitig ein Teil und dennoch eins mit der Schöpferkraft. Du bist ein Ausdruck der Schöpferkraft, die sich durch dich erfährt. Alles, was du erlebst, was du dir an Erfahrungen kreierst, fließt zur Schöpferkraft zurück. Du bist also nicht nur ein Tropfen im Ozean, sondern du *bist* auch der Ozean.

Nicht alle Seelen inkarnieren jedoch auf der Erde. Sie inkarnieren in allen möglichen physischen und geistigen Welten als Individuum."

„Ist es schwieriger, auf der Erde zu inkarnieren als anderswo?"

„Die Erde ist eine schwierige Schule, und der menschliche Körper und das Gehirn sind kein einfacher Gastgeber für Seelen, wie du schon erfahren hast. Eine Seele, die auf die Erde geht, muss stark und flexibel sein, denn abgesehen von Freude muss sie auch allerlei Konflikte aushalten können. Andere Welten sind meist weniger stark bevölkert, die Polarität ist dort schwächer ausgeprägt, und deshalb geht es dort oft harmonischer zu.

Seelen inkarnieren, um eine selbstgewählte Aufgabe zu erfüllen. Jede Seele ist bestrebt, den eigenen Seelenplan zu erkennen, zu leben und auch anzuerkennen. Die Seele möchte ihre jeweiligen Lebensaufgaben meistern und ihre Gaben und Fähigkeiten in jeder Weise ausdrücken.

Es gibt aber auch Seelen, die nicht dazu neigen, auf irgendeiner Welt in physischer Form zu inkarnieren. Sie haben sich entschieden, in der Geistigen Welt zu bleiben. Auch das wird respektiert."

Warum die Seele inkarniert

„Was ist die wichtigste Antriebskraft der Seele, zu inkarnieren?“

„Die entscheidende Antriebskraft der Seele ist, die Liebe in den verschiedensten Aspekten zum Ausdruck zu bringen. Liebe gehört seit Menschengedenken zu unserem Sein. Kaum ein Gedicht, ein Lied, ein Gespräch kommt ohne Liebe aus. Liebe beginnt in uns selbst. Dann erst kann sie sich in der Beziehung zu anderen entfalten. Sie kennt weder Anfang noch Ende.

Die Liebe, die man der Familie entgegenbringt, dem Partner, den Freunden, Kollegen, Tieren und der Gemeinschaft, aber auch die Selbstliebe. Gemeint ist hier, sich seiner selbst, also der Liebe, wert zu fühlen. Beziehungen beinhalten die schwierigsten Lektionen, da der Mensch oft unrealistische Erwartungen hat.

Du kennst sicherlich den Ausspruch: *„Du kannst deine Freunde wählen, aber deine Familie nicht.“*

Dies trifft nicht zu, ganz im Gegenteil. Du wählst deine Familie, deine Partner und engen Beziehungen sehr bewusst aus, nur kannst du dich in deiner menschlichen Existenz daran nicht mehr erinnern. Wenn du zum Beispiel im Streit mit deiner Schwester lebst, dann solltest du dich fragen, warum du dir genau diese Schwester ausgesucht hast, und auf Schuldzuweisungen verzichten. Vielleicht ist sie dein größter Lehrer.

Die volle Verantwortung für die eigenen Entscheidungen, ja, für das eigene Leben zu übernehmen, ist eine der schmerzhaftesten und doch größten Aufgaben. Dein Ego wird einen von euch, in der Regel dich selbst, zum Opfer und den anderen zum Täter erklären. Tatsächlich sind wir jedoch keines von beiden. Wir sind Schöpfer und Mitschöpfer. Liebe ist der beste Weg, um deine spirituelle Entwicklung voranzubringen.

Schwierigkeiten in Beziehungen sind nichts anderes als Lektionen, die noch nicht bestanden wurden und die deshalb in einer anderen Form erneut präsentiert werden. Wenn eine Beziehung schließlich endet, dann bedeutet das, dass es zu einer Energieveränderung gekommen ist. Vielleicht ist die Lernaufgabe nun bewältigt, oder vielleicht kann in dieser Konstellation nichts Neues, Förderliches mehr erlebt werden.

Trifft eine Seele einen Seelengefährten, dann hat dieser immer eine wichtige Seelenlektion für sie im Gepäck. Zu bestimmten Zeiten werden ihr diese Lektionen präsentiert. Vielleicht will sie lernen, Toleranz und Güte zu üben. Ihr Geistführer wird dann Szenarien kreieren, in denen andere Menschen ihre Fähigkeit, tolerant zu sein, auf die Probe stellen. Ihr Geistführer lässt sie dabei aber nie allein auf sich selbst gestellt, auch wenn es manchmal so aussieht.

Wenn es auf Erden zu großen Weltereignissen kommt, wie zum Beispiel der Flüchtlingskrise, Pandemien, Kriege usw., dient dies unter anderem auch dazu, dass du deine selbst gewählten Aufgaben weiter bearbeiten und unter Beweis stellen kannst, wie weit du in deiner persönlichen Entwicklung schon gekommen bist. Doch nicht nur in solch großen Herausforderungen kann die Seele sich beweisen, es gibt jeden Tag größere und kleinere Aufgaben.

Es ist auch das Bestreben der Seele, eine größere Herzensgüte zu entwickeln, sowie Weiterentwicklung und Weisheit zu erlangen. Ihr Wachstum kann schneller voranschreiten, wenn sie sich einen schwierigen Körper aussucht oder schwierige Situationen plant."

„Warum haben dann manche Menschen, wie es scheint, ein recht einfaches, komplikationsloses Leben und andere erleben eine Schicksalsprüfung nach der anderen? Es erscheint schon manchmal alles sehr ungerecht", befand Patrick.

„Die Geschwindigkeit und Intensität, in der wir uns weiterentwickeln, in der wir unser Spiel des Lebens spielen, ist von Seele zu Seele völlig unterschiedlich. Vielleicht hat so manche Seele, die du insgeheim beneidet hast für ihr gerades, fast schon langweilig und komplikationslos verlaufendes Leben, in dem keine größeren Herausforderungen vorkamen, vorher ein Leben geführt, das sehr belastend und schwer war. Dieses Mal hat sie sich ein scheinbar etwas leichteres Los gewählt. Vielleicht hat dieser Mensch aber innere Kämpfe zu bestehen, die du von außen nicht einmal erahnen kannst. Vielleicht geht er durch Prüfungen, die du mit deiner Seelenstruktur gar nicht erkennen kannst, weil du sie noch nicht erlebt hast. Oder du nimmst diese Prüfungen nicht wahr, gerade weil du Ähnliches schon erlebt und bestanden hast und sie dir im Nachhinein nicht mehr schwer erscheinen.

Wer sind wir, um zu beurteilen, was leicht und was schwer ist, was wichtig und unwichtig, was letztendlich wirklich zählt im Angesicht des Lichts?

Möglicherweise besteht seine wichtigste Aufgabe auf Erden aus einem einzigen Ereignis, aus einer Verknüpfung der Umstände, für die genau dieser Mensch zum rechten Zeitpunkt vonnöten ist – eine Aufgabe, die nur er oder sie übernehmen kann.

Sei dir sicher, alle Seelen haben tiefe Täler zu durchqueren. Und bedenke, es gibt unendlich viel Zeit und beliebig viele Versuche, um alle Erfahrungen zu machen. Viele Aufgaben sind auch nicht auf den ersten Blick ersichtlich und erkennbar, sie ergeben erst beim Blick aufs Ganze ihre Form und ihren Sinn.

Die Seele möchte sich im Spiegel der Lebensumstände selbst erkennen, und es ist ihr Bestreben zu erkennen, dass sie nicht unzulänglich, sondern ein ungetrennter Teil des einen Seins ist, und dass sie ewig und vollkommen ist. Es ist ihre Absicht, ihre eigene natürliche Vollkommenheit auf Erden zu erleben. Dazu muss sie in die Unvollkommenheit gehen. Nur im Spiegel der Unvollkommenheit kann sie ihre Vollkommenheit erfahren, denn unter lauter Vollkommenen kann sie dies nicht erkennen.

Wenn alles um dich herum reines Licht ist und du ebenfalls nichts anderes als Licht bist, wie willst du wissen, wer DU bist, wie du bist, was du bist?

Dieses „sich erkennen" ist die Lebensabsicht aller Seelen.

Wie schon erwähnt, gibt es in der Geistigen Welt keine negativen Gefühle wie Hass, Wut, Neid oder Eifersucht. Der Zweck einer Inkarnation ist es, diese Gefühle in einer irdischen Inkarnation kennenzulernen und aus ihnen zu lernen.

Spirituelles Wachstum ist natürlich auch in der Geistigen Welt möglich. Die Lektionen in der Geistigen Welt können auf der physischen Ebene in der Dualität aber wesentlich vertieft werden, vergleichbar mit einem Praktikum."

Die Seelen der Tiere

„Kannst du mir bitte noch etwas über die Seelen der Tiere erzählen? Werden Tiere auch wiedergeboren? Haben Tiere auch eine Seele, oder gehören sie einer Kollektivseele an?“

„Ein Tier ist zwar ein körperliches und psychisches Individuum, hat aber keine Individualseele. Seine Seele ist Teil eines Tierseelenkollektivs, das jeweils seiner biologischen Art entspricht. Da ein seelisches Kollektiv nicht auf Reinkarnation ausgerichtet ist, braucht ein Tier auch nicht zu inkarnieren. Ein Tier hat kein Karma aufgebaut, das es auszugleichen gilt. Tiere haben keinen Lebensplan oder Lernaufgaben. Tierseelen wollen das Leben als solches in inkarnierter, materieller Form erkunden. Sie wollen Erkenntnis und Liebe erfahren. Zwar sind den Menschen die Erkenntnisbereitschaft einer Fliege und die Liebesformen einer Wespe nicht vertraut, wohl aber die Zuneigung eines mit dem Schwanz wedelnden Hundes oder das Schnurren einer Katze. Menschen fühlen sich auf Grund ihrer biologischen Verwandtschaft Säugetieren in der Regel mehr verbunden als zum Beispiel einem Gürteltier.

Tierkollektive, vor allem diejenigen, die sich den Menschen als Haustiere anvertraut haben, sind natürlich fähig, Zuneigung und Liebe zu fühlen und auch zu geben. Katzen oder Hunde beispielsweise, die in enger Gemeinschaft mit einem Menschen leben, emotionale Zuwendung bekommen und oft gestreichelt werden, bekommen Trost, Liebe und Nähe, die sie auf diese Weise nicht von einem Artgenossen gewohnt sind. Das Tier spürt Dankbarkeit, weil es Futter bekommt und berührt wird und gibt seinen Menschen positive Zuwendung zurück. Aber nicht nur Tiere, auch Pflanzen sind Teil eines Seelenvolkes.“

„Warum sterben eigentlich bestimmte Arten von Tieren aus? Das Aussterben der Dinosaurier führt man auf einen Meteoriteneinschlag oder Vulkanausbruch zurück. Aber es gibt viele andere Tierarten, die einfach von der Erde verschwunden sind und für deren Aussterben man aus menschlicher Sicht keine Antwort findet."

„Bei ausgestorbenen Tierarten handelt es sich um Kollektivseelen, die ihre Erkenntnislust zu einem bestimmten Zeitpunkt abgeschlossen haben. Deshalb haben sie keinen Anlass mehr, in physischer Form weiterexistieren zu müssen.

Es gibt aber auch Tierarten, die sich durch Mutation so stark verändert haben, dass sie aus ihren Ursprüngen heraus kaum noch erkennbar sind. Andere wiederum bestehen seit Urzeiten nahezu unverändert bis auf den heutigen Tag, wie zum Beispiel die Echsen auf Galapagos."

Verbindung mit dem Höheren Selbst

„Nun wird es Zeit, all deine Erfahrungen aus deinem letzten Erdenleben in dein Höheres Selbst zu integrieren“, begann Immanuel. „Patrick war der Name des Seelenstrahls deiner letzten Inkarnation. Hier in der himmlischen Heimat gehst du wieder ein in dein Höheres Selbst, wo du all deine gemachten Erfahrungen deines letzten Erdenzyklus' einbringst. Du bist wieder eins mit deinem Höheren Selbst und planst deine nächsten Schritte. Du wirst dir wieder bewusst, dass du wesentlich mehr bist als nur diese eine Identität namens Patrick. Dein Name in Spirit ist seit jeher „Melek“.“

„Melek ... ja, ich erinnere mich! Das bin ich! Jetzt bin ich aber trotzdem etwas verwirrt. Bin ich als Patrick dann nicht mehr existent?“, fragte Patrick-Melek erstaunt.

„Lass mich dir dies etwas genauer erklären: Du als Seelenfunken Patrick bist ein Teil, ein Fragment deiner Überseele, deines Höheren Selbst namens Melek, das sich aus unterschiedlichen Seelenanteilen zusammensetzt. Das Höhere Selbst wiederum ist Teil des Ganzen, des Schöpfers. Das Höhere Selbst ist das unsterbliche Selbst des Menschen, der unbeteiligte Zuschauer jenseits von Körper und Denken, das absolute Bewusstsein. Du hast dich sozusagen als Patrick, als eine Aufspaltung deines Selbst, „heruntergeschickt“ in die Materie, um Erderfahrungen zu machen.

Das Höhere Selbst hat noch nie auf der Erde inkarniert und wird dies auch nicht tun. Es bleibt in der geistigen Heimat, wo es außerhalb von Zeit, Raum und Form existiert. In der Materie, als verkörperte Seele, fühlst du dich von deinem Höheren

Selbst getrennt, doch in Wahrheit bist du als Patrick stets Teil des Höheren Selbst. Man könnte sagen, dass du mit einem Bein auf der physischen Seite des Lebens bist, in der Polarität, und mit dem anderen Bein auf der multidimensionalen Seite.

Du in deiner Inkarnation als Patrick bist, wie gesagt, ein Teil deines Höheren Selbst, man könnte dich auch als göttlichen Funken bezeichnen, der auf die Erde geschickt wurde. Du, also dein Höheres Selbst, sendest unzählige dieser Seelenfunken aus, die inkarnieren und die dazugehörigen Erfahrungen auf der Erde sammeln.

Sobald der Erdenzyklus vollendet ist, bringt jeder Seelenfunken alle durchlebten Erfahrungen wieder zurück zum Höheren Selbst. Das Höhere Selbst nimmt all diese Erfahrungen am Ende eines Erfahrungszyklus in sich auf.

Dein Höheres Selbst möchte die Schöpfung in verschiedenen Dimensionen erleben, Erfahrungen machen und sich entwickeln. Aber das ist nur in verkörperter Form möglich. Deshalb spaltet das Höhere Selbst seine Energie auf, und jeder dieser „Seelensplitter" stellt ein unterschiedliches Leben dar.

Als Patrick warst du in deinem letzten Erdenleben solch ein Seelensplitter oder Seelenfunken, der die Erfahrungen daraus in sein Höheres Selbst einbringt.

Um es in einem Bild anschaulich auszudrücken, sind die Seelen wie die Finger an einer Hand, wobei die Hand die Überseele ist. Die eine große, allumfassende Seele hat viele Seelen ausgeformt. Die Überseele ist sozusagen die „Mutter" all der Seelen, die ihr gegenwärtiges, vergangenes und zukünftiges Leben „bewohnen", in der alle Zeit als *Jetzt* erfahren wird. In diesem Sinne ist sie multidimensional, und jede Inkarnation ist ein Fragment der Überseele. Dies geschieht aus dem Wunsch heraus, sich durch die Erfahrung des Lebens selbst kennenzulernen. Durch das Erforschen aller Perspektiven des Lebens lernt und erfährt die Überseele alles über ein Thema. Jedes von der Überseele gebildete Fragment ist in sich vollständig und ganz, hat ein eigenes Bewusstsein und einen freien Willen."

„Habe ich die Möglichkeit, meinen Lebensplan bzw. meine Lebensaufgabe, die ich in einem Leben als Patrick nicht erfüllt habe, denn in einer anderen Rolle, zum Beispiel als Renate, noch einmal zu versuchen?"

„So ist es. Stell dir die Überseele bzw. dein Höheres Selbst als eine Sonne oder als eine Kugel aus Energie/Licht vor, die eine unendliche Zahl von Energiestrahlen aussendet. Dein letztes Leben war einer dieser Energiestrahlen. Alle Strahlen speisen gemeinsam das Ganze. Du, dieser eine Strahl, dessen du dir gerade bewusst bist, wirst auf die Erde geschickt und sammelst dort Erfahrungen. Nach dieser Inkarnation geht der Energiefunken „Patrick" wieder zurück in diese Energiekugel und wird als „Patrick", also in exakt derselben Weise, nie wieder inkarnieren, bleibt jedoch in der Geistigen Welt bestehen. So ist es auch möglich, dass deine Angehörigen aus der jeweiligen Inkarnation dich über ein spirituelles Medium immer in deiner Identität als Patrick in der Geistigen Welt erreichen und kontaktieren können, egal, wie lange du nach irdischen Maßstäben schon „tot" bist. So gesehen inkarniert jeder Mensch wirklich nur ein einziges Mal, zumindest in einer Realität, und ist einzigartig.

Ein anderer Energiestrahl der Energiekugel wird aber zum Beispiel als „Renate" inkarnieren, um weitere irdische Erfahrungen zu machen. Jede Inkarnation ist ein Fragment deiner Überseele. Die Überseele im Sinne eines „Großen Ganzen" hat also die Möglichkeit, nicht nur eine, sondern mehrere, ja, unzählige Inkarnationen auf Erden oder in anderen Welten zu führen, und das auch gleichzeitig.

Alle Leben, die deine Überseele erlebt, geschehen gleichzeitig. Lineare Zeit gibt es ohnehin nur in der irdischen Dimension. Vergangenheit, Gegenwart und Zukunft geschehen für die Überseele gleichzeitig, das heißt: im selben Augenblick.

Deswegen ist alles, was es jemals gab und jemals geben wird, im selben Moment, im JETZT, schon existent.

Das Ganze ist natürlich noch um ein Vielfaches komplexer, als man es erklären oder jemals erfassen könnte.

Ich gebe dir noch ein Bild, das sehr anschaulich ist. Du kennst doch das Spiel *„Mensch, ärgere dich nicht“*, das du früher so oft gespielt hast?“

„... und worüber ich mich oft trotzdem geärgert hatte!“, ergänzte Melek schmunzelnd.

„Die Figuren auf dem Spielbrett stellen die verschiedenen Leben des Höheren Selbst, der Überseele, dar. Der Spieler ist das Höhere Selbst, das versucht, die Spielfiguren sicher nach Hause zu bringen. Manche Spielfigur erreicht das Ziel nicht und muss noch mal von vorne anfangen. Dann wurde die Lebensaufgabe nicht erfüllt und man probiert es in einem neuen Leben noch einmal. Irgendwann sind alle Figuren im Ziel, das heißt: Alle Erfahrungen werden in das Höhere Selbst integriert.“

„Ein sehr guter Vergleich! Jetzt verstehe ich auch endlich, warum man einem geliebten Menschen in der Geistigen Welt immer begegnen kann, obwohl er bzw. ein anderer Aspekt seiner Überseele eigentlich schon wieder inkarniert ist“, konstatierte Melek. „Meine Oma hat auch schon auf mich gewartet, und ich habe sie sofort erkannt.“

„Als du wieder hier zu Hause ankamst, hat sie bereits auf dich gewartet, so, wie du sie aus ihrem letzten Leben gekannt hattest. Sie hat sich in der dir bekannten Form als Seelenstrahl „Oma“ gezeigt.“

Wiedersehen mit Oma

„Hallo Melek!", vernahm er plötzlich eine bekannte Stimme. Melek drehte sich um und erkannte wieder seine Oma. Jetzt erst hatte er die Gelegenheit, sie genauer zu betrachten. Sie war ganz in Weiß gekleidet und sah wesentlich jünger, energetischer aus. Eigentlich sah sie ganz anders aus, als er sie im Leben in Erinnerung hatte, und dennoch hatte er sie überraschenderweise sofort erkannt. Vor allem fiel ihm diese markante auffällig blaue Aura auf, die sie umgab.

Melek fragte erstaunt: „Hallo Oma, das ist aber schön, dich wiederzusehen. Wo bin ich denn hier jetzt?"

„Du bist wieder zurück in deiner Seelenfamilie. Ich bin genau wie Immanuel hier, um dir zu helfen, dich wieder an das Große Ganze zu erinnern. Frag ruhig alles, was du wissen möchtest. Und bitte nenne mich nicht Oma!", lachte sie. „Ich habe mein Äußeres so gewählt, damit du mich als deine Oma erkennst. In unserer Seelenfamilie begegnen wir uns ja als unser Höheres Selbst. Du bist hier Melek und ich bin Aurelia. In unseren letzten beiden Inkarnationen auf Erden war ich als Seelenstrahl deine Oma und du warst mein Enkel. Wir sind uns in vergangenen Leben schon in vielen anderen Konstellationen begegnet und waren immer füreinander da und bereit, die gewünschte Rolle zu spielen, um unser gegenseitiges Wachstum zu fördern.

In unserer Seelenfamilie sind wir alle eng miteinander verbunden und beeinflussten unser persönliches Wachstum, indem wir Leben als Partner, Geschwister, Verwandte und enge Freunde während unserer Inkarnationen auf der Erde wählten.

Diese Rollen wählen wir stets freiwillig, um uns gegenseitig vielfältige Erfahrungen auf Erden zu ermöglichen und an bestimmten Lebensthemen zu arbeiten.

Hier gibt es nämlich keinen Hass, Misstrauen, Respektlosigkeit, Machtkämpfe, Rivalitäten oder Feindseligkeit wie auf der Erde. Zwischen unseren Inkarnationen studieren wir unsere Lebensbücher und können unsere vergangenen Leben und die Alternativen, die wir hatten, wie virtuelle Lektionen in einer Lerngruppe durchspielen. Dies sind jedoch keine Bücher zum Lesen wie auf der Erde, sondern wir erleben dies alles in lebendigen, beweglichen und mehrdimensionalen Bildern.

Da wir in unserer Seelenfamilie alle ungefähr dasselbe Bewusstseinsniveau haben, entwickeln wir uns gemeinsam durch zahlreiche Erfahrungen in der physischen und der Geistigen Welt. In jedem Leben erlernen wir immer neue und wichtige Qualitäten."

„Ja, wir haben tatsächlich schon einige Abenteuer erlebt! So allmählich kommt mir die Erinnerung an all diese Zusammenhänge und an all die Erlebnisse wieder. Aurelia, mir ist deine markante blaue Aura aufgefallen. Ich wollte dich bei unserer ersten Begegnung schon fragen, was es damit auf sich hat. Ich dachte, es gäbe nur eine weiße Aura, ähnlich einem weißen oder gelben Heiligenschein, den man oft um Köpfe von Statuen in christlichen Kirchen sieht, oder auf Bildern von Heiligen?"

Aurelia musste herzhaft lachen. „Ich habe doch keinen Heiligenschein und bin auch keine Heilige. Das sind alles Glaubenskonzepte christlicher Lehren. Wir alle sind Teil des göttlichen Lichts, der göttlichen Quelle. Deshalb hat jede Seele ihre eigene spezielle Farbe und Farbschattierung, entsprechend ihrem jeweiligen Entwicklungsstadium. An deinen Farben wird man dich im Universum erkennen. Man weiß, wer du bist, wie du bist, weil deine Farben es zeigen. Die Farben zeigen also den Entwicklungsstand und die Reife einer Seele an. Man kann den Entwicklungsstand einer Seele anhand dieser Farbschattierungen unterscheiden. Wir schwingen alle in einer bestimmten Frequenz, die Licht aussondert. Diese Energie gleicht einem Fingerabdruck und somit ist jede Seele hinsichtlich ihrer Entstehung und Schwingung etwas Einzigartiges Du hast übrigens auch eine blaue Aura, so wie unsere ganze Seelenfamilie."

Melek sah an sich herunter, und da erst bemerkte er überrascht das leicht bläuliche Schimmern.

Die Farben der Seele

„Welche Farben der Seelen gibt es denn noch?“

„Es gibt alle Farben und Farbschattierungen, viele davon existieren auf der Erde nicht. Die häufigsten sind die Farben Gelb, Blau, Indigoblau und Violett. Die Farbe Weiß weist eine „jüngere“ Seele aus. Mit zunehmender Entwicklung wird die seelische Energie immer dichter und das Farbspektrum wechselt ins Gelb und ins Blau. Weit fortgeschrittene Seelen strahlen in den Farben Indigoblau oder Violett.“

„Dann sind wir also keine ganz so „jungen“ Seelen mehr in unserer Seelenfamilie? Liegt das daran, dass wir schon öfters in der dichteren Materie inkarniert haben und dadurch mehr „Lebenserfahrung“ sammeln konnten?

Wie kommt es denn zu diesen Unterschieden? Kann man Seelen überhaupt in junge oder alte, oder in weniger oder weiter fortgeschrittene Seelen einteilen? Das kommt mir unfair und auch irgendwie unlogisch vor, wie ein Werturteil“, überlegte Melek.

„Wie oft eine Seele schon auf der Erde oder anderswo inkarniert war, bedeutet nicht, dass sie deshalb schon viel erreicht hat oder weiter in ihrer Entwicklung zu immer mehr Bewusstheit ist. Es kann zum Beispiel sein, dass die Seele seit über 5000 Jahren irdischer Zeitrechnung hinweg stets aufs Neue inkarnieren musste, bis sie endlich ihre Intoleranz besiegen konnte. Nach all diesen Erfahrungen konnte sie vielleicht das Thema Toleranz weitgehend erforschen, doch hat sie beispielsweise noch kaum Fortschritte in Sachen Vergebung gemacht.

Genau wie in der irdischen Schule brauchen manche Schüler also auch in der Geistigen Welt länger, um bestimmte Lektionen oder Fächer zu lernen. Weniger entwickelte Seelen haben die Tendenz, selbstbezogen zu sein,und es fällt ihnen schwer, andere so zu akzeptieren, wie sie sind. Sie wählen normalerweise Inkarnationen, in denen sie zunächst handfeste Themen wie Macht oder Überlegenheit erforschen.

Die Bezeichnung „jung oder alt“ ist eigentlich unzutreffend, da es hier ja keine lineare Zeit gibt, und ein Werturteil ist mit diesem Begriff auch nicht verbunden. Diese Begriffe, diese Einteilung in Jung und Alt, Anfänger und Fortgeschrittene, dient nur dazu, dem menschlichen Denkvermögen eine, wenn auch unzureichende Verständnismöglichkeit zu bieten.

In der Geistigen Welt existieren keine Hierarchien, kein Sich-Übertreffen oder Überlegen-fühlen-Wollen und auch keine Rangordnungen.

Es ist einfach das, was es ist.

Es IST.

Eine Frage der Schwingungsenergie, die sich ohnehin in stetigem Wandel befindet. Alle Seelen, alle Wesen, sind natürlich gleich viel wert, keiner ist dem anderen überlegen oder unterlegen. Wir alle sind unendlich geliebte, wundervolle Strahlen der *einen* Quelle, der göttlichen Liebe, die sich ausdrücken will, sich leben will in allen Varianten und ein großes Spiel der Entwicklung spielt.“

Entwicklung der Seele und Teilung der Seelenenergie

„Kannst du mir mehr über die Entwicklung der Seele erzählen?“

„Die Entwicklung der Seele kommt auf den verschiedensten Gebieten stufenweise und unregelmäßig voran. Dies hat nichts mit Intelligenz zu tun, denn Intelligenz ist ein Produkt des Verstandes, den wir, wie unseren Körper, nach einem gelebten Leben auf der Erde zurücklassen. Eine Seele drückt ihre Individualität durch das menschliche Bewusstsein aus.

Es gibt sehr hochschwingende Seelen, die weiterhin freiwillig auf die Erde oder in die Materie zurückkommen, obwohl sie schon in der Geistigen Welt bleiben könnten, da sie ihre Inkarnationszyklen vollendet haben. Sie entschließen sich zuweilen, den Menschen direkt zu helfen und von Neuem einen Inkarnationszyklus zu beginnen. Sie können sowohl eine Aufgabe, zum Beispiel als Lehrer oder Führer, übernehmen oder aber auch gleichzeitig noch weitere Inkarnationen beginnen.“

„Wie kann man sich das vorstellen, dass mehrere Inkarnationen gleichzeitig stattfinden und noch dazu in verschiedenen Welten und Universen?“, wollte Melek wissen.

„In einem multidimensionalen Zustand gibt es keine lineare Zeit. Du kannst in mehreren Zeiten und an mehreren Orten gleichzeitig sein. Dies ist für den menschlich begrenzten Verstand natürlich nicht fassbar. Deshalb gebe ich dir hilfsweise ein Bild, wenn auch ein ziemlich vereinfachtes.

Stell dir einmal vor, es gibt eine CD, auf der dein Name steht. Auf dieser CD sind beispielsweise zehn verschiedene Musikstücke. Alle zehn Musikstücke sind deine Lieder, es sind die

Lieder deiner Leben. Nun kannst du diese CD einlegen und ein Musikstück deiner Wahl anhören. Du wählst beispielsweise das Musikstück drei aus, drückst auf Play und der Song spielt.

Das Musikstück drei entspricht nun deinem Leben in dieser Inkarnation. Es ist das Lied dieses, deines Lebens hier und heute. Auf der CD sind aber noch neun andere Musikstücke. Es wird zwar gerade nur ein Musikstück abgespielt, doch es gibt noch neun Musikstücke, die gerade nicht gespielt werden. Aber sie sind dennoch da und existieren ebenfalls.

Jedes Mal, wenn du neu inkarnierst, wählst du vorher, welches Musikstück du hören (und welches Leben du erleben) möchtest. Dein *„Track-vor-und-zurück-Schalter"* ist hierbei quasi wie eine Zeitmaschine. Alles ist gleichzeitig da, aber immer nur eins ist zur selben Zeit erlebbar und erfahrbar.

Nur ist es in Wahrheit noch wesentlich komplexer, da für die einzelnen Leben, die einzelnen Lieder, um bei unserem Beispiel zu bleiben, nur jeweils das Grundgerüst vorgegeben ist. Wie du dieses Grundgerüst mit Leben erfüllst, wie du einzelne Fixpunkte und auch die Zeit dazwischen gestaltest, das ist jeweils deine Entscheidung und deine freie Wahl.

Jetzt stellst du dir vor, wie wir von der CD mit den zehn Musikstücken zehn Kopien anfertigen. Und diese zehn Kopien legst du in zehn verschiedene CD-Spieler ein. Jetzt kannst du in jedem CD-Player ein anderes Musikstück abspielen, und es ist möglich, dass du alle zehn Musikstücke parallel und gleichzeitig hörst.

Du kannst auch jeden CD-Spieler in ein anderes Zimmer oder Haus stellen. In jedem Zimmer oder Haus spielt ein anderes Musikstück. Es sind jedoch alles deine Lieder.

So verhält es sich mit deinen Leben in verschiedenen Universen oder Paralleluniversen. Du lebst alle deine Leben gleichzeitig und parallel.

Allein dadurch, dass du mit deinem Bewusstsein, mit deiner Aufmerksamkeit und mit deiner Konzentration in diesem „Haus", in dieser Welt und in dieser Dimension bist, nimmst du dieses Leben als deine Wahrheit wahr.

Somit gibt es auch keine „früheren Inkarnationen" oder auch „zukünftige Inkarnationen", sondern es gibt allein das ewige JETZT, in dem alles gleichzeitig und parallel stattfindet.

Es gibt aus unserer Warte weder Vergangenheit noch Zukunft. All dies sind Illusionen, die dem Phänomen der Zeit unterliegen. Zeit ist relativ. Eine Stubenfliege hat beispielsweise ein anderes Zeitempfinden als ein Mensch, da ihr Facettenauge Bilder viermal schneller pro Sekunde an ihr Hirn weiterleitet als ein menschliches Auge. Deswegen kann sie einer menschlichen Hand, die nach ihr schlägt, meist mühelos ausweichen. Für sie vergeht die Zeit viel schneller, und nach 3-4 Wochen hat sie bereits das Ende ihrer Lebensspanne erreicht."

„Ich danke dir, Aurelia, für diese Erinnerungen."

Melek wollte noch etwas sagen, da erschien Immanuel.

Der Ältestenrat – Himmel oder Hölle?

„Nun ist es an der Zeit, dass ich dir von dem Ältestenrat erzähle und dich auf diese Begegnung vorbereite“, begann Immanuel.

„Auch wenn du all die Dinge, die ich dir hier erzähle, auf einer anderen Ebene deiner selbst bereits längst weißt und in dir hast, gibt es doch nach jeder Wiedervereinigung mit dem Höheren Selbst eine Phase des Wiederübergangs, des Eins-Werdens mit dir selbst. Daher scheue dich nicht, weiterhin alles zu fragen, an das du dich wieder erinnern möchtest. Nicht zuletzt wird all das, was ich dir hier erzähle, auch Robert und all den Menschen, die sein Buch lesen werden, zugutekommen.“

„Ich danke dir. Ich spüre viel Wissen in mir, es fühlt sich im Moment jedoch noch so an, als ob die Erkenntnis des Ganzen als solches hinter einem Schleier verborgen wäre, der sich erst allmählich wieder lichtet.

Ist dieses himmlische Gericht vergleichbar mit einem göttlichen Strafgericht, bei dem ich vor dem Thron Gottes stehen muss und nach meinen Taten beurteilt werde, wie es in der Bibel heißt? Die guten Taten werden mit den schlechten Taten aufgewogen, und wenn diese überwiegen, dann heißt es: gewogen und zu leicht befunden!“

„So ist es nicht“, lächelte Immanuel. „Du darfst deine bisherigen Vorstellungen von Strafe und Belohnung über das Leben nach dem Tod über Bord werfen. Mit solchen Drohszenarien und religiösen Angstbotschaften werden die Menschen noch immer terrorisiert. Es gibt nicht den „Täter“ oder das „Opfer“. Diese Rollen haben die Menschen auf der irdischen Ebene abwechselnd eingenommen. Du hast die Freiheit und den freien Willen, welche Rolle du in dieser Welt spielen willst. Wie ein Schauspieler hast du die freie Wahl, ob du diese Rolle, dieses Engagement, annehmen willst oder nicht.

Du bist Schöpfer deines Lebens.

Wie ich schon sagte, gibt es in der Geistigen Welt kein Gericht im weltlichen Sinne. Es handelt sich bei diesem Rat nicht um ein Richtertribunal, vor dem du dich für Vergehen und Verbrechen zu verantworten hast.

Bei dem Rat der Ältesten handelt es sich jeweils um drei Aspekte, die jeweils für das Gestern, das Heute und das Morgen stehen. Diese Ältesten sind universelle Energien, die sich nicht personalisieren lassen, das heißt: die jeder Seele innenwohnen. Sie sind die Instanz jeder einzelnen Seele und der Großen Seele des Ganzen, des All-eins-Seins.

Die Mitglieder des Rats sind Berater, die nur dein Bestes im Sinn haben, denn was für dich am besten ist, ist für alle am besten.

Sie möchten mit dir gemeinsam herausfinden, was du tun kannst, um im nächsten Leben „negative", das heißt, nicht der vollkommenen Liebe entsprechende Verhaltensweisen auszugleichen und wie du deine selbst gesteckten Ziele im nächsten Leben erreichen kannst. Es findet sozusagen eine Lagebesprechung über dein eben beendetes Leben sowie über all deine vergangenen Leben statt.

Es geht also wirklich nicht darum, dich zu bestrafen. Der Rat möchte wissen, inwieweit du dich weiterentwickelt und deine jeweiligen selbstgewählten Lebensthemen bewältigt hast. Man möchte sicher gehen, dass du die Folgen deiner Handlungen, insbesondere im Hinblick auf andere Menschen, wirklich begriffen hast. Der Rat hilft dir auch beim Entwerfen eines Plans für deine nächste Inkarnation."

„Werde ich dann auch Gott, unseren Schöpfer, von Angesicht zu Angesicht zu sehen bekommen?"

„Bei diesem Rat handelt sich nicht um die eigentliche göttliche Quelle. Diese höchste Macht, die Gott genannt wird — unser Vater, unser Ursprung, unsere Quelle –, kann man eher spüren als sehen, und sie ist das, was wir im tiefsten Sinne sind.

Man soll sich kein Bild von Gott machen. Das steht schon in der Bibel. Gott ist reines Licht, das hellste Licht, und zwar silbrig-weißes Licht, im Unterschied zum gelb-weißen Licht der Sonne.

Auch in der Bibel wird Gott als Licht bezeichnet: *„Und das Licht scheint in der Finsternis, und die Finsternis hat´s nicht ergriffen."* (Joh. 1, 5)

Und ***Jesus*** sagte in Joh. 8, 12: *„Ich bin das Licht der Welt."* Das Licht ist das Symbol für das reine Bewusstsein, für Klarheit und für die All-Liebe.

Auch dein jetziger Körper ist ein Lichtkörper. Er besteht aus lauter Lichtphotonen. Du trägst dieses Licht in dir, und je erleuchteter dein Inneres wird, desto mehr kannst du dich auf die höheren Schwingungen einschwingen und desto reiner und heller wird dein Licht.

Du bist bereits in Gott und Gott ist in dir.

Das kleinste Licht ist stärker als die größte Dunkelheit, und die Dunkelheit weicht vor dem Licht zurück. Dieses göttliche Ur-Licht hat vor jeder Schöpfung schon bestanden. Gott ist Liebe, und die Ur-Energie des Universums ist Liebe. Gott ist nicht nur in unseren Herzen, sondern auch in allem, was lebt.

Er ist in uns und wir in ihm.

Ich zitiere noch einmal die Bibel: *„Er ist nicht ferne von einem jeglichen unter uns. Denn in ihm leben, weben und sind wir.“* (Apostelgeschichte 17, 27)

Es gibt kein Zentrum oder einen Ort für die göttliche Quelle. Die Quelle *ist* die Geistige Welt, und wir sind Teil dieser Quelle und der Kraft von all dem, was ist. Sie ist nichts Statisches, sondern pulsiert wie unser Herz. Man geht aus dem Innersten der Quelle hinaus und wird wieder zurückgezogen. Der Schöpfer, die Quelle, wünscht sich durch uns auszudrücken. Wir sind auf dieser Erde, um uns selbst dabei zu helfen, den Weg zu Gott wiederzufinden.

Das Wesen Gottes vollkommen durchschauen und „sie/ihn“ von Angesicht zu Angesicht sehen, werden wir aber mit unserem begrenzten Geist in alle Ewigkeit nicht, da Gott das absolut Vollkommene und Unendliche ist, das ALLES-WAS-IST.“

☆☆

Nach diesen Ausführungen war es endlich soweit.

Melek und sein Geistführer befanden sich in einem runden Raum mit einer hohen Kuppeldecke. Der Ältestenrat saß an einem langen, halbmondförmigen Tisch in dem Raum vor ihnen. Alle trugen purpurfarbene, lange Gewänder.

Melek hatte gemischte Gefühle. Einerseits freute er sich auf das Gespräch mit dem Rat, um eine Rückmeldung über seine Fortschritte zu erhalten, andererseits war er nervös. Die Liebe, die ihm von diesem ätherischen Rat jedoch entgegenströmte, war unbeschreiblich und nahm ihm sofort alle Bedenken und seine Anspannung. Melek spürte eine warme, wohlwollende Energie und Ruhe in seine Richtung hin.

Die Mitglieder des Rats brachten ihm zum Ausdruck, welch kostbares Gefäß des Lichts er für alle auf der Erde war. Sie waren stolz auf ihn, weil er einer Inkarnation im Physischen zum Wohl aller zugestimmt hatte.

Da entdeckte Melek ein bekanntes Gesicht neben den Ratsmitgliedern. Es war Horas, einer seiner Lehrer. Etwa 6000 Jahre vor seiner Inkarnation als Patrick waren sie zusammen inkarniert gewesen. Horas ist sehr weise und er hatte Melek immer wieder ermutigt, wichtige Lebensaufgaben zu übernehmen, hatte ihm schon immer viel zugetraut und großes Vertrauen in seine Fähigkeiten gesetzt. Hoffentlich war Horas mit seinem letzten Leben zufrieden?

„Es ist schön, dich wiederzusehen."

„Ich freue mich auch, Horas!"

Überglücklich fielen sie sich in die Arme.

„Herzlich willkommen! Wir freuen uns, dass du wieder bei uns bist". Melek vernahm die Stimme des Vorsitzenden in seinen Gedanken.

„Welche Fortschritte hast du gemacht, seit wir uns das letzte Mal gesehen haben?"

Es war nicht möglich, hier irgendetwas vorzuspielen, denn er war sich voll und ganz bewusst, dass sie alles über ihn wussten. Also wäre es völlig sinnlos gewesen, das eine zu denken und etwas anderes zu sagen. Sie wussten alles über ihn, aber er spürte, dass sie ihn wirklich zutiefst akzeptierten und vollkommen liebten.

Melek ließ sein letztes Leben als Seelenstrahl Patrick noch einmal vor seinem geistigen Auge vorüberziehen. Er erwähnte seine guten Taten, seine Ausdauer, aber auch seine Ungeduld mit sich selbst, wie er mit seinem Schicksal haderte und seinem Ehrgeiz, immer der Beste sein zu wollen.

„Melek, wir sind hier nicht zusammengekommen, um über dich zu urteilen, oder dich zu bestrafen. Deine größte Herausforderung ist es, dir selbst zu verzeihen für Dinge, die du meinst, falsch gemacht zu haben oder wenn du jemand anderem geschadet hast. Nimm dich selbst so an, wie du bist. Wir tun das auch, und wir lieben dich dafür. Erinnere dich an das Ereignis, als du deinen Bruder Robert in Deutschland besuchtest."

Melek war etwas verwirrt. Was meinte der Rat damit?

Er vernahm die Gedanken des Vorsitzenden:

„Erinnerst du dich noch daran? Du hattest damals deinen Bruder in Deutschland besucht und ein Gespräch mit seinem Stiefsohn David geführt. David ist eine sehr hochschwingende Seele und hat sich dieses Mal ein wahrhaft schwieriges und herausforderndes Leben ausgesucht. Er kam wie geplant mit einer seltenen und nahezu unbekannten Genmutation zur Welt, und seine Eltern nannten ihn liebevoll „unser Zwischenkind", da er weder in die Welt der behinderten noch in die der nicht behinderten Menschen einzuordnen war und sich im sozialen Umfeld schwertat.

David ist in diesem Leben ein Mensch, der durch alle Raster fällt, aber er ist gleichzeitig, wie wir alle, eine vollkommene, nach göttlichem Plan erschaffene Seele, die in einer unvollkommenen Welt lebt. David ist ein Freigeist, und es ist seine Aufgabe in diesem Leben, seine Identität zu leben und sich selbst anzunehmen. Schon als kleines Kind war es seine Aufgabe, der zu sein, der er nun einmal ist, ohne sich zu verbiegen, auch wenn andere Kinder ihn als „Spinner“ und „sonderbar“ ausgrenzten. Wenn man jedoch seine wahre Identität verbirgt, weil man fürchtet, andere könnten einen verspotten, weil man nicht abgelehnt werden möchte, dann verdunkelt man sein Licht. Ihr seid euch beide sehr ähnlich, und ihr stammt, wie du weißt, aus der gleichen Seelenfamilie.“

Eines der Mitglieder des Rates ließ dazu ein Bild in Meleks Geist entstehen, und jetzt sah er es und konnte sich wieder erinnern.

Der 10-jährige David war traurig, weil er in der Schule Ärger hatte und die Lehrerin ihn immer wieder wegen seines Schriftbilds ausschimpfte. Bedingt durch seine Koordinationsstörung hatte er eine sehr unleserliche Schrift. Seine Mutter hielt ihn deshalb immer wieder an, sich doch mehr anzustrengen und zu konzentrieren, um es genau so zu schaffen, wie die Lehrerin es sich vorstellte. Patrick konnte ihn sehr gut verstehen, da er seiner Behinderung wegen mit ähnlichen Problemen zu kämpfen hatte, und nahm sich lange Zeit, um dem Jungen zu erklären, dass er die Freiheit habe, die Buchstaben auf seine eigene Weise, so, wie er es eben konnte, dafür jedoch in klaren Druckbuchstaben, zu schreiben. Das klappte wie durch ein Wunder viel besser. David konnte seine Ratschläge sehr gut annehmen, weil Patrick ihm durch seine eigene Behinderung auf Augenhöhe begegnete, ihn so akzeptierte, wie er war, und ihn verstand. Dadurch konnte David wieder neuen Mut fassen.

Melek wunderte sich, dass gerade diese Begegnung den Rat interessierte. Für ihn selbst war es eine Kleinigkeit gewesen, die er längst vergessen hatte.

„Du hast hier nicht nur David, sondern infolgedessen auch vielen anderen Menschen deine Unterstützung zuteilwerden lassen, und darauf kommt es wirklich an. Durch dein bedingungsloses Annehmen der Tatsachen, so, wie sie waren, und deine herzliche Zuneigung zu diesem traurigen kleinen Jungen hast du auch seiner Mutter die Augen und das Herz geöffnet.

Sie begriff, dass ihr Sohn wunderbar war, so, wie er nun einmal war. Und dass er die Freiheit hatte, die Welt seinen Bedürfnissen anzupassen, nicht umgekehrt. Und dass er das Recht hatte, sich nicht in Normen hineinzuzwingen, die ihm nicht entsprachen. Ab diesem Zeitpunkt änderte sich vieles in der Energie zwischen Mutter und Sohn, ja, letztendlich sogar in der gesamten Familie, und die Pfade, auf denen David ging, wurden lichter.

Davids Mutter wurde Jahre später aufgrund ihrer eigenen Erfahrungen ganzheitliche Therapeutin und konnte das Geschenk des bedingungslosen Annehmens und der Liebe, für das du ihr eine Tür geöffnet hast, noch an so manch andere Kinder und Eltern in Not weitergeben. Diese Kinder und deren Familien trugen das Geschenk ebenfalls wieder weiter, jeder auf seine Weise.

Eine ganze Energiekaskade, einen Wasserfall von Liebe, hast du durch dein Handeln aus reinem Herzen heraus hiermit in Gang gesetzt und deinen Teil dazu beigetragen, Licht zu bringen.

Du hast wahrhaft erkannt, dass es im Leben nicht nur um dich geht, sondern um jedes Leben, das du berührst, und wie du es berührst. Das hast du oft umgesetzt in deinem Leben, auch wenn es dir nicht immer bewusst war.

In deinen irdischen Augen mag dieses Gespräch mit David nebensächlich erscheinen, doch für uns war diese Sache nichts

Nebensächliches, ganz im Gegenteil. In der Geistigen Welt gibt es nichts Unbedeutendes, keine Handlung, die nicht festgehalten würde."

Als die Sitzung vorbei war, hatte Melek das Gefühl, dass die Ratsmitglieder ihn wesentlich mehr darin bestärkt hatten, was er richtig gemacht hatte, statt sich über seine Fehler auszulassen. Der Rat wusste, dass Melek bereits ein Treffen mit seinem Geistführer hinter sich hatte, bei dem er in seinem Lebensrückblick sein letztes irdisches Leben kritisch durchleuchtet hatte.

Die Ratsmitglieder standen auf und bildeten einen Kreis um Melek. Sie hoben beide Arme und hüllten ihn in ihre Energie, in ihr allfarbiges Leuchten ein. Damit drückten sie ihre Anerkennung für seine Leistung aus.

Gefühle von bedingungsloser Liebe, von absoluter Anerkennung und grenzenloser Wertschätzung durchfluteten Melek – wie das in allen Goldtönen schimmernde Licht des Morgenhimmels.

Brüder im Himmel und auf Erden

Neuer Lebensplan

„Das hast du wunderbar gemacht, Melek. Ich bin stolz auf dich!“, begrüßte ihn Immanuel, als sie sich wiedertrafen.

„Ich danke dir! Dieses Gespräch hat mir sehr geholfen in Hinsicht auf meine nächste Entscheidung. Eigentlich wollte ich nicht noch einmal als Seelenstrahl meine Heimat hier verlassen und auf die Erde kommen. Warum sollte ich das eigentlich alles noch einmal auf mich nehmen, wenn ich schon im Paradies bin?“

„Nun, weder hier noch auf Erden gibt es einen Stillstand. Gott hat die Erde nicht zu seinem Selbstzweck erschaffen. Sie bildet die Grundlage für die Entstehung einer erfahrbaren physischen Realität. Die Erfahrung dieser Schöpfung wird erst durch die Verkörperung in dieser irdischen Schöpfung möglich. Erst wenn du dich selbst in diese Schöpfung hineinbegibst, kannst du mit allen Aspekten erleben und erfahren, wer du wirklich bist und sein könntest. Die physische Welt dient letztendlich nur als Werkzeug, mit dessen Hilfe du dich zum Ausdruck bringen und dich verwirklichen kannst.

Nur in dieser Dimension ist das Gesetz der Polarität erfahrbar – Gut und Böse, Liebe und Hass, Licht und Schatten, Tag und Nacht, Männlich und Weiblich usw. Und nur auf Erden kannst du deine dir selbst gestellten Lebensaufgaben und deinen Lebensplan verwirklichen und dein volles unbegrenztes Potenzial ausschöpfen. Welchen Teil von dir möchtest du denn in deinem nächsten Leben erfahren und zum Ausdruck bringen?“

„Ich habe mir dieses Mal ein hohes Ziel gesteckt. Ich möchte diese bedingungslose Liebe, die Einheit und den Frieden auf die Erde, in die physische Dimension, bringen. Dafür werde ich mich mit Spaltung, Hass und Intoleranz auseinandersetzen müssen“, begann Melek. „Ich bin ja in meinem Leben als Patrick genau wie Robert in religiöser Hinsicht ziemlich kompromisslos und dogmatisch unterwegs gewesen.

Seit ich nun wieder hier in der Heimat bin, ist mir eines wirklich klargeworden: Vor Gott gibt es nur Liebe, und Gott teilt die Menschen nicht nach ihrer Religion ein. Nach wie vor herrscht auf Erden eine große Spaltung, was die verschiedenen Glaubensrichtungen betrifft. Genau hier möchte ich dazu beitragen, die Liebe und die Einheit zu bringen. Ich werde meinen Bruder bitten, mir bei diesem Vorhaben zu helfen.“

„Und ich dachte schon, du hättest mich vergessen!“, vernahm Melek plötzlich eine altbekannte Stimme in seinem Kopf. Erstaunt blickte er sich um und erkannte eine ihm bestens vertraute Energie.

„Bist du es, Robert? Was machst du denn hier? Du bist doch noch auf der Erde!“, entfuhr es Melek erstaunt.

„Nun, Robert als mein „Energiestrahl“ lebt noch auf der Erde und hat derzeit noch 30 Erdenjahre vor sich. Ich bin seine Seelenenergie, sein „Höheres Selbst“ Apalon.

Du und ich, wir entstammen derselben Seelenfamilie. Ich bin damit beschäftigt, meine Fähigkeiten und Kenntnisse als Nachwuchs-Geistführer auf ein höheres Niveau zu bringen. In deiner erneuten Inkarnation werde ich dich bzw. den Seelenfunken, den du aussendest, als Geistführer in das nächste Erdenleben begleiten.

Du hast ja den Wunsch geäußert, dass du einiges, das du in deinem letzten Erdenleben erlebt hast, wieder in Ausgleich bringen möchtest, und mir geht es ebenso. Auch ich habe den Wunsch, noch einmal dein Bruder sein zu dürfen und manches künftig ganz anders zu machen, hoffentlich besser als letztes Mal", schmunzelte Apalon.

„Daher würde ich vorschlagen, dass ich als neuer Seelenstrahl etwas später in dein Leben wieder als dein Bruder eintrete. Wir beide haben so manches Lebensthema gemeinsam, an dem wir weiterarbeiten können, wie zum Beispiel Intoleranz und Spaltung. Oder, anders formuliert: bedingungslose Liebe und Einheit!

Als dein Bruder werde ich an deiner Seite sein, gemeinsam werden wir uns mit all unserer Liebe dafür einsetzen können, ein neues, höheres Bewusstsein zu verstärken."

„Ich danke dir, dass du das auf dich nimmst, um mir diese Erfahrung zu ermöglichen", entgegnete Melek.

„Ich weiß auch schon, in welches Land wir inkarnieren werden, wenn du einverstanden bist, nämlich in den Libanon. Zu diesem Land haben wir beide aus vergangenen Leben eine starke Beziehung, und viele aus unserer Seelenfamilie werden dort auch inkarnieren und uns bei dieser Mission mit unterstützen. Als Zeitpunkt für meine nächste Inkarnation werde ich das Jahr 2000 wählen, und du könntest mir zwei bis drei Jahre später nachfolgen.

Kinder, die in dieser Zeit geboren werden, bringen nämlich eine besondere Seelenenergie mit, die sich wesentlich von früheren Energien unterscheidet. Diese Kinder bringen neue Werte, andere Wege und den Geist der Einheit mit in die irdische Welt. Robert und Patrick sind zwar dann als unsere beiden Seelenstrahlen zur selben Zeit noch im europäischen Raum inkarniert, aber da wir ja multidimensional sind, ist es uns möglich, uns jede Zeit zu wählen, die uns zusagt, egal, ob in der irdischen „Vergangenheit“ oder „Zukunft“.

Unsere Aufgabe wird es sein, mitzuhelfen, eine Brücke zwischen den dort herrschenden religiösen Strömungen zu bauen und für mehr Toleranz einzustehen. In dieser Gesellschaft mit ihren starren Regeln und Werten sind die Menschen dieser Zeit in religiöser Hinsicht noch immer sehr gespalten. Mit vielen Gleichgesinnten werden wir versuchen, den Menschen zu helfen, die durch die Bürgerkriege, die anhaltende Wirtschaftskrise, die Korruption und den religiösen Fanatismus fast alles verloren haben. Viele Menschen sind in den darauf folgenden Zeiten derart verzweifelt, dass sie keinen Ausweg mehr sehen. Viele setzen ihrem irdischen Leben aus Verzweiflung ein Ende. Wir werden Teil einer Nichtregierungsorganisation (NGO) sein und uns für Menschenrechte, humanitäre Hilfe, den Dialog zwischen den Religionen und Entwicklungshilfe einsetzen.“

„Der Libanon ist das perfekte Land, um diese Erfahrungen zu machen, da hast du Recht. In jedem Fall wird dies ein weiterer wichtiger Schritt weiter nach oben auf unserer seelischen Entwicklungsleiter sein“, pflichtete ihm Apalon bei.

Selbstmord aus jenseitiger Sicht

„Immanuel, mir kommt da gerade noch eine Frage in den Sinn. Apalon sagte, dass viele Menschen ihrem irdischen Leben aus Verzweiflung oder sonstigen Gründen ein Ende setzen. Haben wir eigentlich aus spiritueller Sicht das Recht, freiwillig aus dem Leben zu gehen? Wie ist es, wenn es dabei um medizinische Sterbehilfe oder um unheilbare Krankheiten geht? Und wie verhält es sich bei Suizid aus anderen Gründen?", wollte Melek wissen.

„Jeder Mensch kann über sein Leben frei entscheiden. Keine Seele wird für Selbstmord verurteilt.

Natürlich muss die Seele ihren Lernprozess abschließen, aber der Seele werden nur unendliche Liebe und Mitgefühl entgegengebracht angesichts der Probleme, die sie dazu gebracht haben, ihrem Leben ein Ende zu setzen.

Es gibt viele verschiedene Gründe, warum Menschen sich dazu entscheiden, Suizid zu begehen. Dabei kann es sich zum Beispiel um noch nicht so erfahrene, hochsensible Seelen handeln, die ihre Inkarnationszyklen auf der Erde zwar begonnen, hier aber erst wenig Zeit verbracht haben. Sie haben manchmal große Probleme, sich dem menschlichen Körper anzupassen und fühlen sich in ihrer Existenz bedroht, weil diese Erfahrung so überwältigend und schwer ist.

Es kann sich aber auch um Seelen handeln, die auf einem anderen Planeten inkarniert hatten, bevor sie zur Erde kamen. Wenn diese Seelen auf Welten gelebt haben, die weniger „brutal" als die Erde waren, laufen sie unter Umständen Gefahr, von den primitiven Emotionen und der hohen Dichte des menschlichen Körpers überwältigt zu werden.

Dann gibt es auch noch Seelen, die keine gute Symbiose mit ihrem jetzigen Körper eingegangen sind. Sie haben einen Lebensvertrag mit einem „Gastkörper“ akzeptiert, dessen physisches Ego sich radikal von ihrer unsterblichen Seele unterscheidet. Sie haben dann womöglich Probleme damit, sich im gegenwärtigen Leben selbst zu finden. Die Seele nimmt aber den mentalen und emotionalen Zustand, in dem sie sich zum Todeszeitpunkt befunden hat, mit in die jenseitige Welt und wird an einen Ort geführt, wo sie verschiedene Zusammenhänge ihres vergangenen irdischen Lebens erfährt und Erkenntnis und Heilung erlangt.

Wenn ein Mensch, der körperlich oder psychisch sehr krank ist, unter Schmerzen und vielerlei Beschwerden leidet, seinem Dasein ein Ende bereiten will, wird das in der Geistigen Welt genauso akzeptiert: als seine eigene freie Entscheidung.

In vielen Fällen ist es auch so, dass eine Kurzschlusshandlung zum Suizid führt. Der Betreffende hat dann meist keine bewusste und überlegte Wahl getroffen. Er erkennt leider zu spät, welches Leid er durch seine Tat anderen zugefügt hat und welche Konsequenzen sich daraus für die Lebenswege anderer entwickelt haben. Dann kann es ein, dass die Seele möglichst schnell wieder inkarnieren möchte, um die Dinge wieder auszugleichen. Die Aufgaben, wegen derer die Seele ursprünglich auf die Erde gekommen ist, werden dann einfach zu einem anderen Zeitpunkt, in anderen Leben, weiterbearbeitet. Wenn wir etwas hier in der Ewigkeit reichlich haben, ist es Zeit! Allerdings wird die Aufgabe danach in künftigen Leben nicht leichter. Probleme lassen sich deshalb durch den Freitod nicht lösen, sondern werden dann, wie gesagt, in anderen Inkarnationen weiterbearbeitet.

In keinem Fall wird eine Seele für den Entschluss, dem irdischen Leben ein Ende zu setzen, verurteilt oder bestraft. Jede Seele trifft auf nichts anderes als auf bedingungslose Liebe und absolutes, tiefstes Verständnis.

Allerdings kann jeder Freitod auch gravierende Konsequenzen für andere Menschen mit sich bringen, und für diese, sich daraus ergebenden Folgen steht die Seele dann natürlich durchaus gerade, und wenn ein karmischer Ausgleich nötig ist, wird sie diesen künftig leisten. Der Ausgleich kann dann zum Beispiel so aussehen, dass die Seele in einem späteren Leben derjenige ist, der sich als Hinterbliebener eines freiwillig aus dem Leben Geschiedenen nun mit der anderen Seite dieser Erfahrung auseinandersetzen muss oder darf. Dies ist natürlich nicht der einzig mögliche Ausgleich, es gibt unzählige andere.

Ein Suizid kann, so schwierig das auch vorstellbar sein mag, in manchen Fällen auch durchaus zum Lebensplan gehören."

Kindstod

„Was ist der spirituelle Hintergrund, wenn Kinder sterben? Viele Mütter machen sich Vorwürfe und ziehen oft den falschen Schluss, dass dieser schreckliche Verlust eventuell das Resultat einer karmischen Schuld sei, die sie jetzt zu sühnen hätten."

„Wie ich schon sagte, gibt es in der Geistigen Welt keine Schuld. Niemand stirbt ohne seine Zustimmung.

Wenn eine Mutter eine Fehlgeburt erleidet oder eine Abtreibung wählt, werden sowohl das Kind als auch die Mutter von liebevollen Wesen getröstet und mit Energie versorgt. Mitglieder der Seelengruppe kümmern sich in der Regel um das Kind. Das können auch bereits hinübergegangene Verwandte, Familienangehörige oder andere nahe Menschen sein. Bei einem gemeinsamen Tod bleiben Eltern und Kinder ohnehin zusammen.

Bei einer Fehlgeburt, einem sehr frühen Tod vor oder nach der Geburt, aber auch bei einer Abtreibung wurde zwischen Mutter und Kind bereits in der Geistigen Welt diese Vereinbarung getroffen.

Aus spiritueller Sicht gibt es hierfür die verschiedensten Gründe. Manchmal ist die Mutter in dieser Lebensphase auch noch nicht bereit für ein Kind, oder die Bedingungen sind nicht so, wie die Seele das für ihre Entwicklung gebraucht hätte. Dann zieht sich die Seele mit Liebe und Verständnis wieder zurück.

Vielleicht braucht eine Kinderseele manchmal genau diese Erfahrung für ihr weiteres seelisches Wachstum. Es ist auch ein Lernprozess für die Eltern, ja, für die ganze Familie, mit einem Verlust dieser Art umgehen zu müssen. Eltern können manchmal durch den Tod des Kindes, egal, wie alt es ist, im Laufe der Zeit zu ihrer Lebensaufgabe finden oder diese besser bewältigen.

Diese wunderbaren Seelen erweisen den Eltern, auch wenn dies auf den ersten Blick natürlich nicht erkennbar oder annehmbar ist, eine Art Liebesdienst, denn nichts im Leben ist so wichtig wie unsere seelische Entwicklung.

Diese Kinderseelen sind auch nicht verloren, ganz im Gegenteil, denn nicht jede Seele braucht achtzig Jahre oder mehr, um ihren Seelenweg in einem Leben zu gehen und zur Vollendung zu gelangen. Im Leben gibt es keine Zufälle – warum sollte das beim Tod anders sein? Diese Seelen haben gewusst, dass sie nur kurze Zeit, Tage, Monate, wenige Jahre auf Erden sein werden. Sie hatten niemals vor, alt zu werden, und sie haben ihr Leben wahrhaftig gelebt und geliebt. Auch wenn es nach irdischen Maßstäben nur sehr kurz war.

Oft stellen sich auch besonders hochschwingende Seelen zur Verfügung, um auf ein bestimmtes Problem in der Bevölkerung aufmerksam zu machen. Dabei kann es zum Beispiel um das Forschen nach Ursachen für den plötzlichen Kindstod gehen, der durch bestimmte Krankheiten ausgelöst werden kann. Oder um die Folgen bestimmter Medikamente, die gerechte Verteilung von Nahrung und Ressourcen, und vieles mehr.

Und natürlich kann auch Karma die Ursache für den plötzlichen Kindstod sein. Oft genügt dann nur eine kurze Inkarnation, um eine Aufgabe aus vergangenen Erdenleben zu Ende zu bringen.

Jedenfalls ist niemand schuld, dass eine Seele nicht geboren werden konnte, sei es nun eine Fehlgeburt oder Abtreibung. Diese Abmachung wurde bereits in der Geistigen Welt mit der Mutter und den Angehörigen getroffen.

Genau wie es auf Erden in vielen Nahtoderlebnissen erzählt wird, gibt es beim Übergang in die Geistige Welt stets eine nach der Innenwelt desjenigen gestaltete Grenze, die vom Sterbenden wie folgt wahrgenommen wird: *„Bis hierher und nicht weiter darfst du gehen. Wenn du diese Linie überquerst, kannst du nicht mehr zurückkehren in den physischen Körper."*

Wenn es noch wichtige Aufgaben gibt, die derjenige erledigen will und soll, wird er wieder zurückgehen und mit seinem Leben fortfahren. Es ist eine bewusste Entscheidung der Seele, wann sie die irdische Dimension wieder verlässt."

Karma und freier Wille

„Verliert man einen nahen Angehörigen oder einen Freund durch einen Unfall oder durch einen Verkehrsunfall, dann spricht man in solchen Fällen oft von Zufall oder Pech. In Wahrheit sind also Unfälle keine Zufälle, sondern wurden seitens der Seele so geplant, oder? “

„So ist es meist. Ein Unfall ist in Wirklichkeit oft gar kein Unfall, sondern wurde bereits auch schon vor der Geburt von der Seele geplant. Dieser wirkt sich auch auf alle Angehörigen mit aus, sodass sich alle, die mit dieser Person zu tun hatten, durch dieses Schicksalsereignis weiterentwickeln konnten. Die Seele entscheidet selbst, was sie auf sich nehmen will.

Ziel ist es niemals, dich zu zerstören, dich zerbrechen zu lassen, sondern, dir Wachstum, Fortschritt und Lernen zu ermöglichen.

Ein Grund, warum sich eine Seele für einen Unfall entscheidet, kann unter anderem darin bestehen, ihr Karma auszugleichen. Wenn man einem anderen Menschen in einer früheren Inkarnation eine schwere Verletzung zugefügt hat, plant man vielleicht, im nächsten Leben selbst von dieser Person verletzt zu werden. Natürlich gibt es noch sehr viele andere Hintergründe für solche plötzlichen Todesfälle.

Menschen, deren Partner oder Kind durch einen schweren Unfall verletzt oder getötet wurde, verspüren verständlicherweise Zorn und Wut über den Unfall, auf den Unfallverursacher und über ihr Schicksal. Sie erhalten aber jetzt die Möglichkeit, sich in der Kunst der Vergebung und des Verzeihens zu üben. Vergebung bedeutet Befreiung. Indem du vergibst, befreist du dich selbst. Dies gilt auch für einen gewaltsam herbeigeführten Tod.

Erinnerst du dich noch an die Aussage eines Mannes, dessen Frau bei dem Terroranschlag in Paris auf die Redaktion des Satiremagazins *Charlie Hebdo* getötet wurde?“

„Ja natürlich, er richtete drei Tage nach dem Anschlag folgende Botschaft an die Terroristen: *„Meinen Hass bekommt ihr nicht!“* Es waren Worte, die um die ganze Welt gingen, und diese Aussage war eine wahrhaft fortgeschrittene Lektion in Sachen Vergebung“, erinnerte sich Melek.

„Du sprachst eben von Karma. Wie ist der freie Wille mit meinem Karma vereinbar? Die Ereignisse aus der Vergangenheit müssen doch immer ausgeglichen werden, ob ich nun will oder nicht?“, fragte Melek.

„Du darfst dabei nicht nur deine letzte Inkarnation auf Erden betrachten, sondern musst in größeren Dimensionen denken. Dir muss bewusst sein, dass die Summe deiner Taten aus zahllosen Inkarnationen besteht, die Tausende von Jahren überspannen. In all diesen Leben hattest du die freie Wahl der Entscheidung. Gemäß seinem freien Willen kann jeder Mensch so leben, wie er möchte, aber alle seine Taten sind unwiderruflich, und er kann den Folgen seiner Handlungen nicht entkommen.

Karma steht für den Wunsch der Seele, Ausgewogenheit in ihre Erfahrungen zu bringen. Es ist das Bestreben der Seele, ein Gleichgewicht wieder herzustellen und aus unterschiedlichen Blickwinkeln zu lernen. Das kann sich über mehrere Inkarnationen immer wiederholen oder in einem einzigen Leben passieren, bis endlich ein Ausgleich geschaffen wurde.

Das Karma-Gesetz ist das *Gesetz von Saat und Ernte* und besagt, dass der Mensch nicht **für** seine „Sünden bestraft" wird, sondern **von** seinen Sünden und deren Folgen.

Von Strafe oder von Sünden kann ohnehin nicht die Rede sein. Es gibt hier in der Geistigen Welt keine Sünde im kirchlichen Sinn.

Mit deinem freien Willen entscheidest du jeweils, wie du auf eine Herausforderung reagierst. Du kannst zu jeder Zeit eine Karma-Kette durchbrechen und die Weichen neu stellen, denn dein freier Wille zwingt dich niemals zu einer bestimmten Handlung. Du kannst dich jederzeit entscheiden, ein ausgeglichenes Leben zu führen und bewusst handeln, um jede Situation, die dir begegnet, sofort auszugleichen.

Allerdings gibt es neben dem Gesetz des Karmas noch die ***universelle Kraft der Gnade und Vergebung***.

Viele haben eine falsche Vorstellung von „Vergebung".

In dem Wort „Vergebung" liegt das Wort „geben". Es geht bei Vergebung also darum, *etwas zu geben*. Man muss etwas aufgeben oder hingeben – und zwar die eigene Vorstellung, wie die Dinge sein sollen. Bei dem Thema Vergebung geht es nicht darum, dem *„Täter"* zu vergeben, sondern es geht um Selbstvergebung. Wenn du jedoch noch nicht bereit bist, dem Täter zu vergeben, dann kannst du immer noch sagen: *„Ich vergebe mir mein Nicht-vergeben-Können."*

Muss der Täter nämlich erst darauf warten, bis das *„Opfer"* ihm seine Tat vergeben hat, dann gewinnt das Opfer gewissermaßen die Oberhand über diese Situation. Es obliegt dann dem Opfer zu entscheiden, wann und wie die Sache endlich aus der Welt geräumt wird. So lange kann es den Täter in seiner Schuld schmoren lassen. Bei dieser Art von Vergebung hat das Opfer den alleinigen Schlüssel in der Hand, um sein Recht und somit Gerechtigkeit einzufordern. Wenn das *„Opfer"* dem *„Täter"* nicht verzeiht, wird es früher oder später selbst zu einem Täter.

Wenn ein *„Täter"* seine Tat aus tiefstem Herzen bereut und sich schließlich selbst verzeiht, wird diese Karma-Kette aufgebrochen. Dies ist der beste, schnellste und schönste Weg, sich von seinem Karma zu befreien."

Wiedergeboren – Reise in die Materie

„Bevor ich nun einen neuen Seelenstrahl zur Erde schicke, sag mir bitte noch, wie dieser in einen neuen physischen Körper gelangt. Wie erfolgt die Verbindung zwischen meinem Seelenstrahl und dem Körper?“, wollte Melek nun wissen.

„Im Fötus nimmt die Partnerschaft zwischen dem Körper und deiner Seele ihren Anfang. Seele und Gehirn verschmelzen dann im Körper zu einem Wesen“, begann Immanuel. „Wenn der Körper stirbt, wird dein Seelenstrahl diesen wunderbaren Körper, den er bewohnt hat, niemals vergessen, da dieser ihm ermöglicht hat, diese Erfahrungen auf der Erde zu sammeln.

Dein Höheres Selbst wählt im Vorfeld die passende Persönlichkeitsstruktur für diese spezielle Inkarnation aus.

Die individuelle Persönlichkeit brauchst du, um die gewünschten Lebenserfahrungen sammeln zu können. Sie besteht aus einem unsterblichen Wesenskern, der den Tod überlebt und nach dem Tod wieder eins mit deinem Höheren Selbst wird.

Die Charakterzüge dieses Seelenstrahls existieren zwar nur in der jeweiligen Inkarnation, sind aber auch noch in der Geistigen Welt präsent. So konntest du deine Oma ihrem Wesen nach sofort wiedererkennen.

Der physische Schock der Geburt ist viel größer als derjenige des Todes.

Erinnerst du dich noch an das grelle Licht im OP während deiner letzten physischen Geburt sowie die plötzliche Notwendigkeit, Luft zu atme? Zur Begrüßung bekamst du auch noch einen Klaps auf den Po!“, erinnerte ihn Immanuel.

„Du kannst einem ja richtig Mut machen. Das mit dem Klaps auf dem Po fand ich gar nicht lustig!“

„Keine Angst, das hast du schon tausende Male hinbekommen. Vor der Geburt wirst du dich mit dem sich entwickelnden Körper des Babys vereinen. Und mit dem vorgesehenen und ausgewählten Gastkörper im Bauch der Mutter kurz nach dem dritten Schwangerschaftsmonat verschmelzen. Der Grund dafür, warum diese Verschmelzung mit einem Fötus erst nach drei Monaten beginnt, besteht einfach darin, dass vorher noch nicht genügend Gehirngewebe entwickelt ist, mit dem sich in dieser frühen Phase arbeiten ließe. Ein Fötus kann aber schon als individuelles Wesen am Leben sein, ohne bereits eine unsterbliche Identität zu besitzen. Während der Schwangerschaft kannst du immer wieder den Körper verlassen, wenn du magst, bist jedoch energetisch bereits an ihn gebunden.

Bei deiner physischen Geburt gleitest du mittels einer Spiralbewegung durch einen Tunnel in deine Mutter, wobei dieser dem Tunnel gleicht, den du in umgekehrter Form bei deinem physischen Tod durchquerst.

Da Kinder dieser Zeit eine besondere Seelenenergie mitbringen, wirst du dich dein Leben lang an viel Wissen aus deiner spirituellen Heimat erinnern, jedoch nur in dem Maße, in dem es dir dienlich ist. Dies geht vielen Kindern dieser Zeit so, allerdings wird dieses intuitive Wissen von der Welt noch nicht anerkannt werden.

Nach der Geburt kannst du auch immer mal wieder den Babykörper verlassen und die Entwicklung von außerhalb überwachen. Wenn nötig, bist du jedoch pfeilschnell wieder im Körper. Diese *Ausflüge* enden jedoch meist mit etwa fünf oder sechs Jahren. Du kannst auch dein ganzes Leben hindurch jederzeit den Körper verlassen, wenn er schläft, meditiert oder bei einer Operation in Narkose liegt."

„Ich werde mir dieses Mal keinen behinderten Körper mehr aussuchen. Diese Erfahrung habe ich hinter mir", begann Melek. „Bei meiner nächsten Inkarnation brauche ich einen starken, gesunden Körper, um meine Aufgaben zu bewältigen. Aber wie wird dieser Körper geformt und von wem?"

„Gott, der Schöpfer, machte den Menschen aus Erde vom Acker. Aus einem Klumpen Lehm „töpferte" er einen menschlichen Körper und blies ihm den Odem des Lebens in seine Nase. Der Körper ist die Form, die Seele der formlose und feinstoffliche Anteil in ihm. So steht es schon in der Bibel. Das ist natürlich nur ein Bild.

Du als Mitschöpfer hast ein Mitspracherecht bei der Wahl deines menschlichen Körpers und kannst ihn mitformen. Du kannst verschiedene Körper mitformen und einem Test unterziehen, bevor du eine endgültige Wahl triffst. Somit hast du die Möglichkeit, nicht nur als Beobachter, sondern als Teilnehmer zukünftige Ereignisse in jeweils anderen Körpern testweise und bruchstückhaft zu erleben. Du wirst, wie in einer Simulation, unterschiedliche Erlebnisse in diesen Körpern haben. Diese werden in etwa die gleichen Zeitrahmen hineingeboren, sodass ein direkter Vergleich ermöglicht wird. Du wirst die Lebensspanne mehrerer Körper innerhalb desselben Zeitzyklus erleben. Dabei hast du die Möglichkeit, in die Zukunft zu schauen und unterschiedliche Menschen wirklich zu *sein*, die noch gar nicht geboren sind.

Das Betrachten jener Ereignisse, die sich höchstwahrscheinlich zutragen werden und die mit diesen Körpern in Zusammenhang stehen, ist in etwa so, als wärst du Teilnehmer einer Schachpartie, von der nicht alle möglichen Züge bekannt sind. Ein einziger Zug kann das Ergebnis komplett verändern. Genau das ist es, was das Spiel, das sich Leben nennt, so interessant macht.

Die Auswahlkriterien für die Wahl des für deine individuellen Zwecke optimal geeigneten Körpers sind, was du mit dem Gehirn lernen und ob du mit diesem Körper deine Lebensaufgaben erreichen kannst."

„Ich danke dir für diese Erklärung. Ich werde mir bei der Wahl des passenden Körpers der Bedeutsamkeit sehr bewusst sein, sodass die nächste Inkarnation des Seelenstrahls, den ich aussende, so erfolgreich wie möglich sein wird.

Als Seelenenergie bin und bleibe ich hier in der jenseitigen Welt, um mich gemeinsam mit meiner Seelenfamilie noch in weitere Spezialgebiete hinein entfalten zu können. Die spirituelle Welt ist voller Dynamik, die Veränderung und Wachstum ohne Ende bewirkt. Das Wunderbare an unserer spirituellen Heimat ist, dass es keine Zeit im irdischen Sinne gibt, weshalb es mir möglich ist, so viele unterschiedliche Projekte gleichzeitig zu verfolgen, wie ich möchte, indem ich meine Seelenenergie in beliebig viele Anteile aufspalte.

Mich interessiert zum Beispiel die Zusammenarbeit mit Seelen, die mit ihrem Inkarnationszyklus noch nicht begonnen haben, und ich würde sie gerne dabei unterstützen, ihre Bewusstheit und ihre Fähigkeiten zu fördern.

Ich möchte aber außerdem noch andere Dimensionen des Universums erkunden und Erfahrungen in verschiedenen Welten sammeln – in allen, die mir zugänglich sind, um mich weiterzuentwickeln. Damit beschäftige ich mich schon immer. In gleicher Weise, wie sich das Universum ausdehnt, dehnt sich die Geistige Welt und jede Energie in ihr ständig weiter aus und entwickelt sich weiter.

Am meisten begeistert mich die Erschaffung von Materie und neuen Lebensformen. Darüber möchte ich weiterhin alles erfahren, was mir möglich und zugänglich ist.

Außerdem bin ich fasziniert davon, wie es sich anfühlt, sich in die Energien von Geschöpfen, zum Beispiel in ein Tier oder auch in Pflanzenwesen, einzuschwingen.

In erster Linie werde ich jedoch das große Projekt fortführen, an dem ich zusammen mit vielen anderen Seelen mit großer Liebe arbeite.

Es geht um die Entstehung eines Sonnensystems mit den dazugehörigen Planeten in einer Entfernung von ca. 550 Lichtjahren zur Erde im Sternbild *Alpha Centauri.* Die Entstehung dieser Sonne liegt so kurz zurück, dass sie noch immer von einer sogenannten protoplanetaren Scheibe aus Staub und Gas umgeben ist, aus der sich aktuell die sie umgebenden Planeten herausbilden. Mit seinem Alter von weniger als einer Million Jahren ist diese Sonne so jung, dass sie noch gar keine entsprechende Strahlkraft hat. Das Alter im Vergleich zu unserer irdischen Sonne beträgt rund 4,6 Milliarden Jahre. Ihre Energie speist sich noch nicht aus Kernfusion, sondern aus der Gravitationsenergie des auf sie einstürzenden Materials der umgebenden Molekülwolke, was auch der Grund für die Bildung der protoplanetaren Scheibe ist, die die Sonne umgibt. Die Drehimpulserhaltung lässt einfallendes Gas und Staub immer schneller rotieren. In dieser frühen Lebensphase der Sonne werden bereits die Weichen dafür gestellt, welche Planeten das dazugehörige Sonnensystem einst beherbergen wird.

Es ist unsere Aufgabe, die Strahlung, die von Staubkörnchen stammt, welche die Sonne umkreisen und die das Rohmaterial für die Planetenentstehung darstellen, zu lenken und zu überwachen. Durch den entstehenden Gasdruck können Instabilitäten gefördert werden, die schließlich zur Entstehung von weiteren Planeten führen.

Als Teil eines von vielen Teams spezialisierter Forscherseelen werde ich mich nach der Geburt eines geeigneten Planeten mit der Erschaffung neuer Lebensformen beschäftigen.

Unsere Aufgabe ist es, unser Schöpfungspotenzial in den materiellen, physischen Ausdruck zu bringen und neue potenzielle Körperformen für die Inkarnation von Seelen zu erschaffen. Diese Körper sind mit unseren menschlichen Körpern nicht vergleichbar. Es gibt unzählige Gefäße, in die Seelen sich verkörpern können. Diese müssen auch nicht perfekt sein, genauso wenig, wie unser menschlicher Körper perfekt ist. Die Seele hat die Freiheit, sich für ihre nächste Inkarnation einen Körper ihrer Wahl auszusuchen.

Mutige Seelen, die in ihrer Entwicklung schnell vorankommen wollen, suchen sich häufig einen nicht so gut funktionierenden Körper oder einen Körper mit Einschränkungen aus. Der Seele würden sonst die Möglichkeit der freien Wahl und viele Entfaltungsmöglichkeiten genommen, wenn es nur noch perfekte Körper geben würde. Perfekter Körper bedeutet nicht automatisch perfektes Leben, oft ist es genau andersherum."

Immanuel war stolz auf seinen Schützling. Die Mithilfe bei der Geburt eines neuen Planeten sowie die Voraussetzungen für neues Leben zu schaffen, erfordert viel Erfahrung und Verantwortung.

Es war nun Zeit für die Abreise, und die meisten Mitglieder von Meleks Seelengruppe und seine zukünftigen „Mitspieler", die in irgendeiner Weise mit ihm in Kontakt treten und sein zukünftiges Leben beeinflussen würden, hatten sich um ihn versammelt. Auch Aurelia, Horas, Immanuel und natürlich Apalon, sein neuer Geistführer, waren da. Es herrschte eine gespannte Erwartung, als Apalon das Wort ergriff:

„Ich werde immer bei dir sein.

Du kannst immer wählen, welche Erfahrung du machen möchtest. Es gibt nichts, wozu du gezwungen wirst.

Sei weise in der Wahl deiner Entscheidungen, denn der Verlauf der Erfahrungen entscheidet sich immer in besonderen Momenten der Entscheidung.

Sei dir bewusst, dass du in der Illusion der Dualität leben wirst und es dort Menschen gibt, die diese Illusion perfektioniert haben und die dich gerne glauben machen möchten, dass du von deinem Höchsten Selbst getrennt bist.

Es ist dein Geburtsrecht, mit der Geistigen Welt in Kontakt zu treten.

Die irdische Dimension ist für uns, die wir in der geistigen Heimat zu Hause sind, jedoch eine schwere und nicht besonders angenehme Dimension. Um mit mir in Verbindung zu treten, musst du etwas Mühe aufbringen und deine energetische Schwingung erhöhen, und zwar um das gleiche Maß, wie ich die meine senken muss. So können wir uns auf halbem Weg entgegenkommen, und der Kontakt zwischen uns kann leichter hergestellt werden, damit du Mitteilungen von mir empfangen kannst.

Gehe dazu in die Meditation, nutze deinen Atem und lass deine Energie durch deine Chakren fließen. Dann vibriert dein Energiekörper hoch genug, sodass meine Botschaften deinen bewussten Verstand besser erreichen können. Tore zu deinen höheren Bewusstseinsebenen können sich öffnen, und ich kann dir Impulse und Inspiration für dein Weiterkommen vermitteln. Du musst deinen Kanal regelmäßig benutzen, damit du die Informationen gut empfangen und deuten kannst. Unsere Zusammenarbeit wird für uns beide von Vorteil sein. Indem ich dich in deinem zukünftigen Leben unterstütze, werde auch ich in meinem Wachstum weiter gefördert. Unser aller Ziel ist es, uns spirituell weiterzuentwickeln, egal, ob inkarniert oder nicht. Auch wenn ich dein Geistführer sein werde, lerne ich dennoch gleichzeitig von dir und durch dich.

Wir hören nie auf zu lernen, denn wir sind nicht allwissend und erlangen mit jeder höheren Ebene mehr spirituelles Bewusstsein.

Zu bestimmten Zeiten werden die Menschen in deinem Leben erscheinen, mit denen du eine Abmachung getroffen hast. Ich werde dir dann sogenannte „Erinnerungshilfen“ schicken, die ausgelöst werden, wenn diese Menschen in deinem Leben auftauchen. In deiner Erinnerung wird es dann sofort „klick“ machen und es wird ein gegenseitiges Erkennen sein. Diese Erinnerungshilfen werden bei besonderen Gelegenheiten stattfinden. Benutze all deine Hellsinne, um diese Wiedererkennungszeichen in deinem zukünftigen Leben zu erkennen.“

„Robert hatte solch ein „Klick-Erlebnis" als er seine Frau kennenlernte", erinnerte sich Melek. „Beide hatten genau solch ein Erinnerungszeichen vor ihrer letzten Inkarnation vereinbart. Als sie sich dann zum ersten Mal sahen und sich lange in die Augen blickten, war sofort ein beiderseitiges Erkennen da, und Tina sagte: *„So siehst du jetzt also aus."*

„Du wirst dir auch die Seelen aussuchen, mit denen du auf einer Wellenlänge sein wirst und die dich in deiner Entwicklung weiterbringen. Ich werde dir solche Seelen zuführen. Willst du jedoch unbedingt mit jemandem zusammen sein, der dir nicht guttut, dann hast du den freien Willen zu entscheiden, ob du diese Person anziehst. Dein Wunsch kann die höhere Bestimmung jederzeit außer Kraft setzen. Aber auch diese Person hat Lernaufgaben für dich im Gepäck."

☆☆

Melek war nun bereit, seinen Seelenstrahl auf die Reise zur Erde zu schicken.

Er befand sich in einer Art riesengroßer, lichterfüllter Halle, die ihn ein wenig an den Abflugbereich eines Flughafens erinnerte. In dieser Halle befanden sich riesige, panoramaartige Bildschirme. Jeder Bildschirm spiegelte bestimmte Szenen seines zukünftigen Lebens aus der Kindheit, Jugend und der Zeit als Erwachsener wider, sowie Menschen und Ereignisse, mit denen er sich im nächsten Leben auseinandersetzen wollte. Er konnte sich also seinen zukünftigen Lebensfilm ansehen und bestimmte Szenen oder Ereignisse anhalten und näher studieren.

Melek hatte sich nun für einen bestimmten Körper, passend zu seinem neuen Seelenstrahl, entschieden.

Er verabschiedete sich vorübergehend von seiner Seelenfamilie mit den Worten:

„Wir sehen uns wieder p.m."

(post mortem: nach dem Tod)

In einem Wirbel aus Nebelfeldern rutschte er nach unten wie auf der Rutsche im Schwimmbad und landete in leicht säuerlichem Wasser. Er fühlte, wie er schwerer, dichter wurde, da er sich allmählich immer mehr auf die Materie ausrichtete. Schließlich landete er treffsicher im Bauch seiner Mutter und nahm sanft, suchend und tastend Kontakt mit dem Wesen des Fötus auf.

Danach wurde es wärmer, und er genoss diese angenehme Wärme. Dabei bemerkte er um sich herum ein Klopfen und Pulsieren und nahm Geräusche wahr. Es waren das Herz und die Bauchschlagader seiner Mutter.

Er konnte hören, wie sie ihm ab und zu ein Lied vorsang, und fühlen, wenn sie liebevoll an ihn dachte. Dann durchströmten ihn warme, rosafarbene Wellen von wohltuender Liebe. Auch seinen Vater konnte er schon wahrnehmen, seine tiefe, dunkle Stimme vibrierte auf eine ganz besondere Weise, und auch von ihm kamen Gefühle tiefer Liebe und Freude.

Irgendwann wurde es immer enger in dieser Höhle, und er wollte hinaus. Er spürte einen Druck von oben, und vor ihm wurde es immer heller. Hände griffen nach seinem Kopf und zerrten an ihm.

Plötzlich fühlte er, dass er sich in einer neuen Umgebung befand und rang nach Luft. Man hatte ihn schließlich aus der Höhle ganz herausgezogen, und er fand sich auf dem Arm einer Frau im weißen Kittel wieder, die ihn zu seiner Mutter brachte.

Diese lächelte mit Tränen in den Augen und nahm ihn vorsichtig und behutsam in ihre Arme.

Er hatte das Gefühl, dass die Menschen nicht wussten, wer er war. Es war, als ob sein Geist zu groß sei für diesen kleinen Körper. Es war merkwürdig, so winzig und hilflos zu sein und dabei das unendliche Wissen einer reifen Seele zu besitzen. Überwältigt von diesem Empfinden fing er an zu weinen.

Seine Mutter schaute ihn mit tiefer Liebe an. Er spürte diesen Blick, öffnete die Augen weit, und für einen winzigen und doch unendlichen Moment trafen sich ihre Blicke voller Bewusstheit und Klarheit.

Er wusste:

Seine neue Inkarnation hatte begonnen.

Alles war gut.

Schlussgedanken

Der Körper ist der Übersetzer der Seele ins Sichtbare

(Christian Morgenstern)

Die bisherigen Erkenntnisse über unsere spirituelle Heimat können wir wie folgt zusammenfassen:

- Nach dem irdischen Tod sind wir keine erleuchteten und allwissenden Wesen, sondern unser bisheriger Bewusstseinszustand besteht fort und wir nehmen unsere Glaubenskonzepte mit uns. Wir leben also unsere Realitäten in der nicht physischen Dimension weiter.

- Auch psychischer Ballast, Fixierungen und Abhängigkeiten setzen sich in der jenseitigen Welt fort. *Wie der Baum fällt, so liegt er,* sagt man nicht umsonst.

- Wir haben die Fähigkeit, unsere Realität zu erschaffen. Jeder Gedanke manifestiert sich als Realität.

- Wir sind verantwortlich für unsere energetischen Schöpfungen und unseren Bewusstseinszustand. Somit schaffen wir nicht nur unsere Realität, sondern auch unser Schicksal. Wir sind also keine Opfer, sondern Schöpfer und Mitschöpfer unseres Schicksals.

- Bei unserer Lebensrückschau empfinden wir selbst die Emotionen und den Schmerz, die wir bei anderen verursacht haben. Daher ist es entscheidend, dass wir unsere Worte, Gedanken und Taten möglichst nach der Liebe ausrichten. War uns oder anderen dies nicht möglich, dürfen wir lernen, aus ganzem Herzen zu vergeben, nicht nur anderen, sondern vor allem auch sich selbst.

- Die physische Welt, die Erde, ist eine von vielen Trainingsumgebungen für Seelen. In der jenseitigen Welt erleben wir keine völlig andere Außenwelt, sondern lediglich unsere eigene Innenwelt.

- *Geister:* Eine sogenannte Geistererscheinung ist der Versuch eines Geistwesens, sich auf der materiellen Ebene zu zeigen. Kann diese Energie von der Seele nicht, wie gewünscht, aufgebaut werden, dann wird diese vom Menschen nur als Umriss oder dunkler Schatten wahrgenommen.

- *Poltergeist*: Damit ist kein Wesen gemeint, sondern starke Emotionen wie Wut und Angst von Menschen, die manchmal auf diese Art zum Ausbruch kommen. Oft handelt es sich bei den Verursachern dieser Phänomene um Jugendliche, die nicht genügend Beachtung und Wertschätzung erfahren oder sich in einer emotional schwierigen Phase ihres Lebens befinden.

- *Spuk*: Erinnerungen, Emotionen und Restenergien, die auf einem Gegenstand, in einer Umgebung oder an einem Ort gespeichert sind oder diesen „imprägniert“ haben.

- Jeder Seelenfunken hat seinen Ursprung in einer „Überseele“, dem Höheren Selbst, das sich wiederum aus unzähligen Fragmenten zusammensetzt. Ein Bild hierfür kann auch ein Kristall sein, der unzählige Facetten aufweist. In diesem Sinne sind wir multidimensional, und jede Inkarnation ist ein Fragment der Überseele. Das Höhere Selbst hat so die Möglichkeit, eine schier unglaubliche Menge an Erfahrungen zu sammeln.

- Jede Seele bzw. das Höhere Selbst ist multidimensional, das heißt, dass es dich in vielen „Ausgaben“ unendlich oft in vielen Varianten gleichzeitig und im selben Raum auf sehr vielen Ebenen des Universums und in vielen Zeiten in Vergangenheit, Gegenwart und Zukunft gibt. Während also ein anderes „Ich“ von dir beispielsweise in einem Leben an einer Krebserkrankung stirbt, lebt eine andere Version dieses Seelenfunkens in einer anderen Realität weiter. Du nimmst allerdings stets nur eine Realität wahr.

- Das Höhere Selbst benutzt die Verkörperung in unterschiedlich dichten materiellen Schwingungsebenen als Werkzeug für seine Entwicklung, indem es immer wieder Teile von sich selbst in die Materie gibt, sie Erfahrungen sammeln lässt und diese dann am Ende wieder in sich aufnimmt, ohne dabei die Individualität des inkarnierten Teils aufzuheben.

- Jedes Glaubenskonzept behindert und limitiert unseren schöpferischen Fluss. Die jenseitige Welt steht unter keiner Führung irgendeines Glaubenssystems. Deshalb ist es wichtig, sich von menschengemachten Glaubenssystemen und fixen Vorstellungen freizumachen.

Diese Geschichte ist meine ganz persönliche Geschichte.

Sie ist eine von vielen Realitäten und meine Wahrheit. Wenn deine Realität eine andere ist, dann hast du Recht. Wenn du überzeugt bist, dass alles möglich ist und wir mit allen und allem verbunden sind, dann hast du Recht und wirst exakt das erleben.

Wenn du glaubst und überzeugt bist, dass wir von allen getrennt sind, dann hast du auch Recht. Auch dann wirst du das alles erleben.

Wenn du, liebe Leserin, lieber Leser, das Bedürfnis hast, mit einem geliebten Menschen in der jenseitigen Welt Kontakt aufzunehmen oder Kontakt zu halten, dann kann ich dich nur ermuntern, es zu tun, denn das ist nicht nur ein Privileg von Medien oder medial Begabten. Jeder hat diese Fähigkeit. Voraussetzung ist lediglich, dass du dich wirklich darauf einlassen kannst und bereit bist, fleißig zu üben. In meditativem Zustand verbinde ich mich regelmäßig mit meinem „Spirit Team" und natürlich mit Patrick, meinem Bruder, und anderen, die bereits vorausgegangen sind.

Die wichtigste Übung zu Beginn ist das „Sitzen in der Stille". Hierzu gibt es schon vielfältige Anleitungen.

„Sitzen in der Stille" bedeutet, zu lernen, den eigenen Geist zur Ruhe zu bringen, deinen inneren Ruhepunkt zu finden und ohne Erwartung zu sein. Dies erfordert einige Disziplin, Regelmäßigkeit und Ausdauer. Dennoch ist dies die entscheidende Voraussetzung, um zu lernen, eigene Gedanken und Gefühle auszublenden, damit du empfangsbereit wirst für das, was von der Geistigen Welt kommen mag.

Wichtig ist es, unterscheiden zu lernen, was eigenes Wunschdenken ist, was von deinem Ego kommt und was von der Geistigen Welt.

In ein volles Gefäß kann man kein Wasser mehr einfüllen, daher ist es sinnvoll, sich so weit wie möglich „leer" zu machen von der Flut der Gedanken, die uns alltäglich durchströmen.

In der Meditation kannst du dann schließlich deinen Geistführer, dein Spirit Team oder die geliebte Person um Kontaktaufnahme bitten. Du solltest dabei natürlich ein offenes Ohr und offene Sinne für sie haben.

Es gibt mittlerweile überall spirituelle Übungsgruppen, mediale Zirkel oder Ausbildungen, die dir bei deinen ersten Schritten helfen können.

Mein verstorbener Freund hat mich bei dem Versuch seiner Kontaktaufnahme lachend darauf hingewiesen, dass ich „die Bohnen aus meinen Ohren entfernen soll", da er mich nicht erreichen könne.

Auch wenn du zu sehr in Trauer bist, fällt es deinen Lieben auf der anderen Seite unter Umständen schwer, eine Verbindung zu dir aufzubauen. Trauer ist eine sehr dichte und auch tiefe Schwingung, die sich von der anderen Seite aus anfühlt wie eine dichte, dunkle Wolke um dich herum, die es erst einmal zu durchdringen gilt. Doch auch in der tiefsten Trauer ist ein Kontakt grundsätzlich möglich, wenn du offen dafür bist und ohne Furcht.

Als Tina in Trauer um einen lieben Angehörigen war und so sehr weinen musste, dass sie völlig außer sich war, spürte sie plötzlich die Wärme einer Hand, die ihre Schulter liebevoll streichelte, und die sichere Anwesenheit desjenigen und fühlte sich getröstet.

Achte auf diese subtilen Zeichen, tue sie nicht ab als nur Einbildung oder Wunschdenken, nimm sie einfach an und lass dich nicht durch Andersdenkende von deiner inneren Wahrnehmung abbringen.

Vielleicht fragst du dich jetzt, wie die Geistige Welt auf dich aufmerksam wird? Unsere Lieben drüben befinden sich in einer höheren Schwingungsebene als wir. Sie nehmen uns wie durch einen Schleier wahr. Man kann das mit einem Blick auf eine Wiese vergleichen. Geistwesen sehen auf den ersten Blick nur einen Teppich voller Grün. Sobald ich jedoch gelernt habe, mein eigenes Schwingungsfeld energetisch anzuheben und auszudehnen und mich mit diesem Geistwesen in Liebe verbinden kann, nimmt es mich entsprechend diesem Vergleich wie eine wunderbare große bunte Blume wahr, die aufgeht und aus der Wiese „heraussticht".

Vertraue auf deine Intuition und höre auf deine innere Stimme. Die Gedanken und Bilder, die dann kommen, sind keine Einbildung oder Phantasie, wie du vielleicht im ersten Moment meinst. Es ist die Stimme deines Geistführers oder der Seele des Menschen oder auch des Tiers, mit dem du die Verbindung suchst.

Eine Stimme, die aus Spirit kommt, ist leicht zu erkennen und zu erfühlen: an der überwältigenden Liebe, denn die Geistige Welt besteht aus nichts anderem als reiner Liebe.

Vertraue dieser Stimme, und vertraue deiner Intuition und Kraft.

Früher konnte man oft nicht über außergewöhnliche Erfahrungen nach dem Tod eines lieben Menschen sprechen, ohne sofort als verrückt abgestempelt zu werden. Mittlerweile mehren sich die Berichte über diese Dinge, da die Menschen es mehr und mehr wagen, darüber offen zu sprechen, die Schwingungsenergie der Menschheit erhöht sich zunehmend – und genau deswegen habe ich dieses Buch geschrieben.

Es ist mir ein wirkliches Herzensanliegen, das Thema „Kontakt zur Geistigen Welt", die eigene und direkte Erfahrung von „Da gibt es noch mehr als das, was wir bisher glaubten, zu wissen" allgemein zum Gesprächsthema zu machen.

Nicht, weil ich glaube, alles darüber zu wissen, die einzige Wahrheit zu besitzen, sondern weil ich der Meinung bin, dass es an der Zeit ist, unseren Horizont zu erweitern, die Angst vor dem Tod zu überwinden und neue Welten zu entdecken.

„Wir sind sowohl spirituelle Wesen, die mit ihrer Seele in einer spirituellen Welt existieren, als auch materielle Wesen, die mit ihrem Körper und ihrem Gehirn in einer materiellen Welt zu Hause sind."

(John Eccles, australischer Hirnforscher)

Epilog

Da der menschliche Verstand eine bestimmte Struktur und Ordnung braucht und in Kategorien denkt, die er versteht, versuche ich dir, liebe Leserin, lieber Leser, in einem vereinfachten Diagramm Patricks Geistige Welt, so, wie er sie mir gezeigt hat, in einem Überblick anschaulich darzustellen. In Wahrheit ist das Ganze natürlich viel komplexer und multidimensionaler. Es ist mir wichtig zu betonen, dass diese Darstellung nur *eine von vielen* Möglichkeiten ist, wie sich die jenseitige Welt zeigt und nicht die einzige alleingültige Wahrheit darstellt.

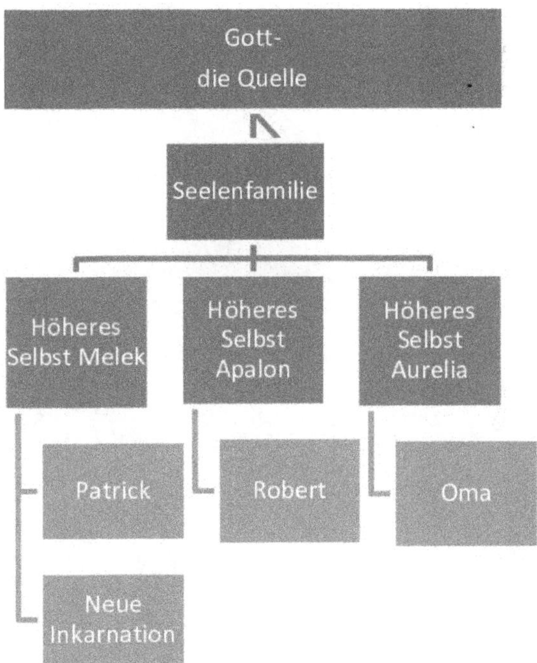

Erneute Inkarnation(en)

„Im Wunsche, viele zu werden und aus sich zahllose Formen zu machen, erschuf ER alle Dinge. ER ward das Begrenzte und das Unbegrenzte, das Gegründete und das Grundlose, das Bewusste und das Unbewusste, das Grobe und das Zarte.

ER ward zu allem, was es gibt, weshalb die Weisen IHN das Wirkliche nennen.

Über diese Wahrheit steht geschrieben:

Vor aller Schöpfung war Brahman das Nichtoffenbarte.

Aus dem Nichtoffenbarten ward das Offenbarte. Aus sich selbst brachte er sich selbst hervor.

Der Selbstseiende wird ER seitdem genannt.“

(Taittiriya-Upanischad)

Danksagung

Meine tiefste Dankbarkeit gilt meiner Frau Tina, die mich bei der Entstehung dieses Buches hervorragend unterstützt hat, das du nun in Händen hältst.

Wir sind ein ideales Gespann: Ohne ihre Begabung, mich immer wieder geduldig auf Stellen in meinem Manuskript hinzuweisen, die der Bearbeitung bedurften, hätte dieses Buch nicht in dieser Form verwirklicht werden können.

Literaturempfehlungen

Prof. Dr. Oliver S. Lazar: ***Jenseits von Materie*** – Eine wissenschaftlich spirituelle Reise vom Ursprung unseres Seins bis hin zu unendlichem Bewusstsein

In seinem Buch stellt *Oliver Lazar* unter anderem die weltweit erste und einzige Studie zu Jenseitskontakten anhand einer seriösen empirischen Methodik vor. Zusammen mit den bekannten Jenseitsmedien *Bettina Suvi Rode* und *Tanja Schlömer* hat er die EREAMS-Studie ins Leben gerufen. Der Studienname EREAMS steht für *„Empirical Research of the Effectiveness and Authenticity of Messages from Spirit“.* Durch diese Studie konnte die Authentizität der Seelenkontakte mit größter Signifikanz sehr eindrucksvoll bestätigt werden.

Tina Baumgartner: ***Nach dem Leben ist vor dem Leben – Eine spirituelle Reise***, Smaragd Verlag, 2021

Dieses Buch ist eine Einladung an dich zu einer Reise in dein Herz, über die Regenbogenbrücke, in unsere Seelenheimat, auch wenn sie für jeden Menschen seiner Vorstellung nach ganz anders aussehen mag. Wenn du nach Antworten suchst, dich mit der Frage trägst, wie es wohl weitergehen mag nach dem Tod oder nach dem Verlust eines lieben Menschen und nach dem Sinn suchst, dann ist dieses Buch vielleicht ein Fingerzeig deiner Seele.

Über den Autor

Robert Baumgartner, Jahrgang 1955, ist Heilpraktiker für Psychotherapie und arbeitet seit vielen Jahren mit Patienten und Klienten im gesundheitlichen, energetischen und spirituellen Bereich.

Sein Interesse für Gott, Spiritualität, Religion und den Sinn und Zweck der menschlichen Existenz bestand schon seit seiner Jugend. Er befasste sich intensiv mit dem Christentum und den Weltreligionen, der Spiritualität und Medialität, und insbesondere mit dem Thema Tod und dem „Danach".

„Mein Ziel ist es, dir die Angst vor dem Tod zu nehmen, indem ich dir zu verstehen helfe, wie deine Seele und deine geistige Heimat beschaffen sein könnten. Ich glaube, dass wir eine ewige Identität haben, die aus einem Schöpfer geboren wurde und ewig ist. Allgemeingültige Wahrheiten kann und will ich hier nicht wiedergeben, denn die Wahrheit liegt im Auge des Betrachters."

Seit 2007 betreibt Robert zusammen mit seiner Frau Christine eine Naturheilpraxis in Erlangen.

www.naturheilpraxis-baumgartner.de

Buchempfehlungen

Robert Baumgartner
Blick hinter die Himmelstür
Was wir schon jetzt über das Jenseits wissen
168 Seiten, A5, broschiert
ISBN 978-3-95531-188-9

Werden wir unseren Tod überleben?
Geht es weiter für uns nach dem Tod, und wenn ja: Wie?
Wo sind unsere Lieben, die verstorben sind und die wir so sehr vermissen?
Was wäre, wenn wir wirklich einen Blick hinter die Himmelstür werfen könnten, und sei es nur ein winzig kleiner?
Für alle, die sich diese Fragen schon seit langem stellen, wurden hier vielerlei Ansichten, Erfahrungsberichte und Forschungsergebnisse zum Thema Jenseits zusammengetragen und mit eigenen Gedanken und Erfahrungen des Autors zum Thema ergänzt. Aufschluss können uns letztendlich nur Menschen geben, die einen Blick hinter den Vorhang getan und uns einen ganz speziellen Blick auf das Leben in der jenseitigen Welt geschenkt haben.
Hier wird eine Tür zum Jenseits geöffnet – nicht nur in den Himmel, sondern schlussendlich zu unserer eigenen Wahrheit, denn diese ist die einzig entscheidende für uns.

Tina Baumgartner

Nach dem Leben ist vor dem Leben

Eine spirituelle Reise

200 Seiten, A5, broschiert

ISBN 978-3-95531-201-5

Endlich den eigenen Seelenplan entdecken und verstehen, warum man in genau dieses Leben hineingeboren wurde, seine Lieben wiedersehen, höhere Sphären erleben, Versöhnung mit dem eigenen Leben finden und eines Tages in Frieden mit sich und der Welt nach Hause gehen – wer wünscht sich das nicht ?
Dieses ist die Geschichte von Mari, einer alten Dame, die im letzten halben Jahr ihres Lebens das Geschenk erhält, in ihren Träumen zu ihrem wahren Selbst in die Geistige Welt zu reisen, wo sie einen klaren Einblick in ihren Lebensplan erhält und sich wieder erinnern darf, dass wir so viel mehr sind, als wir uns vorstellen können – nämlich unsterbliche unendliche Seelen.
Nach dem Leben ist vor dem Leben lädt dich ein zu einer Reise in dein Herz und über die Regenbogenbrücke in die Heimat unserer Seele. Wenn du nach Antworten suchst auf die Frage, wie es wohl weitergehen mag nach dem Tod oder nach dem Verlust eines lieben Menschen, dann hat dich vielleicht deine Seele zu diesem Buch geführt.

Sabine Skala

Christusnetz

Das neue Energiesystem in unserem Körper

224 Seiten, broschiert

ISBN 978-3-95531-209-1

Die Schwingung auf der Erde erhöht sich stetig, und die Wandlung der Menschen ist in vollem Gange. Aber wie kann sich unser Körper dieser schnellen Anhebung der Energien anpassen?
Das Christusnetz ist ein neues Energiesystem in unserem Körper, das uns genau dabei hilft. Es unterstützt uns, unseren Körper der neuen Schwingung anzugleichen, und dies in unserem eigenen Rhythmus.
Sabine Skala beschreibt eine ganz neue Behandlungsmethode, die uns bei der Transformation und Heilung unseres Körpers hilft, um bei der stetigen Energieerhöhung in unserer Mitte zu bleiben und von der Schwingung der höheren Dimension zu profitieren.
Sie zeigt uns, wie wir auf einfache Weise das Christusnetz aktivieren und die einzelnen Christuspunkte anwenden können, um unsere Gesundheit und unser seelisches Befinden gerade in dieser schwierigen Zeit zu unterstützen.

Jeder von uns trägt das Christusnetz in sich, und das schon sehr lange.
Es ist jetzt Zeit, es wieder zu aktivieren.

Christine Kolbe

Der *andere* Jesus

Neue Einblicke in das Christusgeschehen

Christine Kolbe
Der *andere* Jesus
Neue Einblicke in das Christusgeschehen
296 Seiten, broschiert
ISBN 978-3-95531-205-3

Beinahe wäre dieses Buch niemals veröffentlicht worden.
Zuviel Sprengkraft birgt das Material, das über viele Jahre als gechannelter Text aufgezeichnet wurde.
In diesen sensationellen Durchgaben werden die Umstände der Kreuzigung als geschickt inszenierte Täuschung beschrieben, denn es gilt nur ein Ziel zu erreichen: Jesus vor dem Tod am Kreuz zu retten.
Überaus lebendig und spannend werden sein weiterer Lebensweg und das Schicksal seiner engsten Begleiter bis zum überraschenden Schluss erzählt.

„Das neue Christus-Geschehen kann nicht beginnen,
solange die wahren Umstände des vergangenen
Christus-Geschehens nicht ans Licht gekommen sind.“